Zentrum für Militärgeschichte und
Sozialwissenschaften der Bundeswehr

Zeitenwende im sicherheits- und verteidigungspolitischen Meinungsbild

Ergebnisse der ZMSBw-Bevölkerungsbefragung 2022

Timo Graf

Forschungsbericht 133

Impressum

Herausgeber: Zentrum für Militärgeschichte und Sozialwissenschaften der Bundeswehr
Verantwortlich für den Inhalt ist der Autor
Redaktionsschluss ist der 17. August 2022
Anschrift: Zeppelinstraße 127/128, 14471 Potsdam
Tel.: 0331 9714 404
E-Mail: timograf@bundeswehr.org
www.zmsbw.de

Projektnummer: 7141-02
ISBN: 978-3-941571-52-5
URN: urn:nbn:de:kobv:po79-opus4-5604
DOI: https://doi.org/10.48727/opus4-560

Inhaltsverzeichnis

1 Executive Summary

- Die Daten der diesjährigen ZMSBw-Bevölkerungsbefragung wurden vom 13. Juni bis 17. Juli 2022 erhoben. Befragt wurden 2.741 zufällig ausgewählte Bürgerinnen und Bürger. Die Stichprobe ist repräsentativ für die in Privathaushalten lebende deutschsprachige Bevölkerung ab 16 Jahren.
- Am 24. Februar 2022 begann Russlands Angriffskrieg gegen die Ukraine. Im Befragungszeitraum fanden fortwährend Kampfhandlungen in der Ukraine statt, über die deutsche Medien berichteten.
- Infolge des Krieges hat sich das Sicherheitsgefühl der Befragten deutlich verschlechtert. Fünf der sechs am häufigsten genannten Bedrohungen für die persönliche Sicherheit haben einen direkten oder indirekten Bezug zum Ukraine-Krieg (Abschnitt 2).
- Das Russlandbild hat sich radikal verändert: Eine klare Mehrheit nimmt Russland inzwischen als Bedrohung für die Sicherheit Deutschlands wahr (Abschnitt 3).
- Annähernd 60 Prozent der Bürgerinnen und Bürger plädieren für eine finanzielle und personelle Aufstockung der Bundeswehr – mehr als je zuvor. Eine Mehrheit hält dies für notwendig, damit die Bundeswehr ihre Aufträge erfüllen kann (Abschnitt 4).
- Die Unterstützung für konkrete Maßnahmen zur Sicherung der NATO-Ostflanke und zur Rückversicherung der östlichen Bündnispartner ist deutlich gestiegen. Dadurch verringert sich die Diskrepanz zwischen prinzipieller Bündnistreue und praktischer Bündnissolidarität (Abschnitt 5).
- Die Zustimmung zu den Missionen der Bundeswehr in der Landes- und Bündnisverteidigung ist ebenfalls deutlich gestiegen, sodass diese im Durchschnitt auf eine größere Akzeptanz in der Bevölkerung stoßen als die Auslandseinsätze im Rahmen des internationalen Krisenmanagements (Abschnitt 6).
- In der aktuellen Situation hält die Hälfte der Bevölkerung die Einführung eines Wehrdienstes im Rahmen einer allgemeinen Dienstpflicht für notwendig (Abschnitt 7).
- Das Festhalten der NATO am Prinzip der nuklearen Abschreckung wird mehrheitlich begrüßt, während Deutschlands Rolle in der nuklearen Teilhabe umstritten ist (Abschnitt 8).
- Die Zustimmung zu Waffenlieferungen an befreundete Staaten, zu Wirtschaftssanktionen und zur Aufnahme von Flüchtlingen als Mittel der deutschen Außen- und Sicherheitspolitik ist im Vergleich zum Vorjahr deutlich gestiegen. Dagegen haben sich die außen- und sicherheitspolitischen Grundhaltungen der Deutschen, wie z.B. die Zustimmung zum Multilateralismus oder zum Einsatz von Waffengewalt als Mittel der Außenpolitik, nicht oder nur wenig verändert (Abschnitt 9).
- Eine klare Mehrheit befürwortet die Vertiefung der EU-Verteidigungszusammenarbeit, jedoch wünschen sich mehr Befragte als im Vorjahr eine engere Zusammenarbeit von EU und NATO in der Verteidigungspolitik (Abschnitt 10).
- Das Ansehen der USA in der deutschen Bevölkerung hat sich erneut verbessert. Im Vergleich zum Vorjahr ist vor allem das Vertrauen in die USA als NATO-Bündnispartner gestiegen (Abschnitt 11).
- China wird nur von einer Minderheit in der deutschen Bevölkerung als ein verlässlicher Partner betrachtet. Die Wahrnehmung Chinas als Bedrohung für die Sicherheit Deutschlands bleibt ambivalent (Abschnitt 12).
- Die seit vielen Jahren äußerst positive Einstellung der Bürgerinnen und Bürger zur Bundeswehr hat sich im Vergleich zum Vorjahr nochmals geringfügig verbessert. Das Vertrauen in die Bundeswehr erreicht mit 88 Prozent einen neuen Höchstwert (Abschnitt 13).
- Die gesellschaftliche Etablierung des Veteranenbegriffs ist weiter fortgeschritten. Eine klare Mehrheit befürwortet Unterstützungsmaßnahmen für die Veteraninnen und Veteranen der Bundeswehr (Abschnitt 14).
- Die Bevölkerung hat die Bundeswehr ähnlich häufig wahrgenommen wie im Vorjahr. Bei persönlichen Begegnungen wurde die Bundeswehr jedoch positiver wahrgenommen als 2021 (Abschnitt 15).
- Die Attraktivität der Bundeswehr als Arbeitgeber ist erneut leicht gesunken, dennoch bewertet eine Mehrheit die Bundeswehr als einen attraktiven Arbeitgeber für junge Menschen (Abschnitt 16).
- Das komplette Aufgabenspektrum der Bundeswehr wird von einer absoluten Mehrheit der Bürgerinnen und Bürger akzeptiert. Die Rückkehr der Bundeswehr zum Hauptauftrag der Landes- und Bündnisverteidigung kommt dem eher traditionellen Aufgabenverständnis in der Bevölkerung entgegen (Abschnitt 17).

2 Sicherheits- und Bedrohungswahrnehmungen

Das Sicherheitsgefühl der Bürgerinnen und Bürger hat sich im Vergleich zum Vorjahr deutlich verschlechtert. Eine absolute Mehrheit der Befragten nimmt die **weltweite Sicherheitslage** als eher unsicher (37 Prozent; +8 Prozentpunkte im Vergleich zu 2021) oder sehr unsicher (22 Prozent; +15 Prozentpunkte) wahr. Nur eine Minderheit bewertet die weltweite Lage als eher sicher (12 Prozent; -10 Prozentpunkte) oder sehr sicher (1 Prozent; -1 Prozentpunkt). Etwas mehr als ein Viertel der Befragten (28 Prozent; -11 Prozentpunkte) ist geteilter Meinung.

Die Bewertung der **Sicherheitslage in der Bundesrepublik Deutschland** fällt im Vergleich zum Vorjahr ebenfalls negativer aus. Weniger als die Hälfte der Befragten beurteilt die nationale Lage als eher sicher (37 Prozent; -11 Prozentpunkte) oder sehr sicher (5 Prozent; -8 Prozentpunkte). Ein Drittel ist geteilter Meinung (33 Prozent; +6 Prozentpunkte), während ein Viertel der Auffassung ist, die Lage in Deutschland sei eher unsicher (18 Prozent; +7 Prozentpunkte) oder sehr unsicher (6 Prozent; +4 Prozentpunkte).

Die **persönliche Sicherheitslage** wird im Vergleich zur weltweiten und nationalen Sicherheitslage deutlich positiver bewertet. Jedoch hat sich der Anteil derjenigen, die sich persönlich eher unsicher (13 Prozent; +7 Prozentpunkte) oder sehr unsicher (3 Prozent; +2 Prozentpunkte) fühlen, im Vergleich zum Vorjahr verdoppelt. Die Mehrheit der Befragten bewertet ihre persönliche Sicherheitslage als eher sicher (44 Prozent; -5 Prozentpunkte) oder sehr sicher (13 Prozent; -10 Prozentpunkte), während etwas mehr als ein Viertel ein ambivalentes Sicherheitsgefühl (28 Prozent; +7 Prozentpunkte) hat.

Russlands Angriffskrieg gegen die Ukraine beeinträchtigt das persönliche Sicherheitsgefühl der Menschen in Deutschland massiv: Fünf der sechs am häufigsten genannten Bedrohungsfaktoren weisen einen Bezug zum Ukraine-Krieg auf (vgl. Tabelle 1). Der Anteil derjenigen, die sich durch **Krieg in Europa** persönlich bedroht fühlen, hat sich im Vergleich zum Vorjahr verdreifacht – von 15 auf 45 Prozent. Zudem fühlen sich aktuell 42 Prozent von einem **Krieg mit Atomwaffen** bedroht. Hier zeichnet sich eine **Zeitenwende in der Bedrohungswahrnehmung** ab, denn in den Vorjahren spielten außen- und sicherheitspolitische Risikofaktoren nur eine nachgeordnete Rolle für das persönliche Sicherheitsgefühl. Die Sorge vor dem Klimawandel und seinen Folgen ist durch den Ukraine-Krieg jedoch nicht verdrängt worden. Mehr noch als durch diesen Krieg und den globalen Klimawandel fühlen sich die Bürgerinnen und Bürger in ihrer persönlichen Sicherheit durch steigende Preise bedroht, die wiederum eine direkte Folge des Ukraine-Kriegs sind.

Tabelle 1: Bedrohungsfaktoren

„Inwieweit fühlen Sie sich persönlich zurzeit durch folgende Faktoren bedroht?“	Bedroht	Vgl. 2021
Steigende Preise	78	+25
Spannungen zwischen dem Westen und Russland	60	+37
Weltweiter Klimawandel durch die globale Erwärmung	50	+2
Krieg in Europa	45	+30
Weltweites militärisches Wettrüsten	44	+16
Krieg mit Atomwaffen	42	Neu
Große Naturkatastrophen wie z.B. schwere Stürme oder Überschwemmungen	41	+2
Unzureichende finanzielle Absicherung im Alter	41	+5
Zuwanderung nach Deutschland	39	-4
Ansteckung mit dem Coronavirus	36	0
Weltweite Ausbreitung einer gefährlichen Krankheit oder Seuche	35	-9
Terroranschläge in Deutschland	33	+2
Religiöser Fundamentalismus in Deutschland	26	-9
Internetangriff auf die Infrastruktur in Deutschland	26	+3
Störfall in einem Atomkraftwerk	26	+4
Verbreitung von falschen Informationen über die Medien oder das Internet (Fake News)	25	-1
Spannungen zwischen dem Westen und China	22	+5
Kriminalität im Internet	21	-3
Fremdenfeindlichkeit in Deutschland	20	-4
Verlust des eigenen Arbeitsplatzes bzw. Schwierigkeit, einen Arbeitsplatz zu finden	19	-1
Kriminalität in meinem Umfeld	17	-2
Zerfall der EU	16	+2
Spannungen zwischen Europa und den USA	13	-1

Anmerkungen: Angaben in Prozent. Die Antwortanteile „eher bedroht“ und „stark bedroht“ wurden zusammengefasst. n = 2.741.

3 Bilaterale Beziehungen zu Russland

Infolge des Ukraine-Krieges ist die in den letzten Jahren ambivalente Wahrnehmung der Beziehungen zu Russland der Erkenntnis gewichen, dass Russland eine **Bedrohung für die Sicherheit Deutschlands** darstellt (vgl. Abbildung 1). Aktuell werden die Aufrüstung der russischen Streitkräfte (67 Prozent; +28 Prozentpunkte im Vergleich zu 2021), Russlands Außen- und Sicherheitspolitik (66 Prozent; +31 Prozentpunkte), Russlands militärisches Vorgehen in der Ukraine (65 Prozent; +31 Prozentpunkte) sowie Cyberangriffe aus Russland (60 Prozent; +10 Prozentpunkte) von einer klaren Mehrheit der Bürgerinnen und Bürger als Bedrohung für die Sicherheit Deutschlands empfunden. Zudem beeinträchtigt Russlands Angriffskrieg gegen die Ukraine das persönliche Sicherheitsempfinden der Befragten (vgl. Abschnitt 2).

Die Wahrnehmung Russlands als Bedrohung für die Sicherheit Deutschlands steht in einem signifikanten und positiven Zusammenhang zur Zustimmung der Bürgerinnen und Bürger zur finanziellen und personellen Aufstockung der Bundeswehr (vgl. Abschnitt 4), zur Sicherung der NATO-Ostflanke (vgl. Abschnitt 5) und zur Beteiligung der Bundeswehr an den Missionen zur Landes- und Bündnisverteidigung (vgl. Abschnitt 6).

Eine klare Mehrheit der Befragten ist der Auffassung, dass Russland kein verlässlicher Partner ist (67 Prozent; +30 Prozentpunkte) und dass Russland und Deutschland auch keine gemeinsamen Werte teilen (65 Prozent; +23 Prozentpunkte). Anders als noch im Vorjahr spricht sich inzwischen eine **Mehrheit für die Einschränkung der wirtschaftlichen Beziehungen zu Russland** aus (67 Prozent; +40 Prozentpunkte); nur 12 Prozent sind dagegen. Noch größer ist die Zustimmung zu einer größeren **Unabhängigkeit von russischen Gaslieferungen** (78 Prozent Zustimmung; 7 Prozent Ablehnung).

Die stark veränderte öffentliche Wahrnehmung Russlands bildet sich auch in dem reduzierten Anteil jener ab, die eine ambivalente Einstellung zu Russland haben: Im Vergleich zu den Vorjahren ist dieser Anteil um durchschnittlich 10 Prozentpunkte gesunken. Auch der Anteil der Befragten, die hierzu keine Antwort geben wollten, hat sich im Vergleich zum Vorjahr verringert. **Russlands Angriffskrieg gegen die Ukraine hat in der deutschen Bevölkerung zu einer insgesamt deutlich kritischeren Sicht auf Russland geführt.**

Abbildung 1: Zustimmung zu Aussagen über die bilateralen Beziehungen zu Russland im Zeitverlauf
(Angaben in Prozent, 2022: n = 2.741)

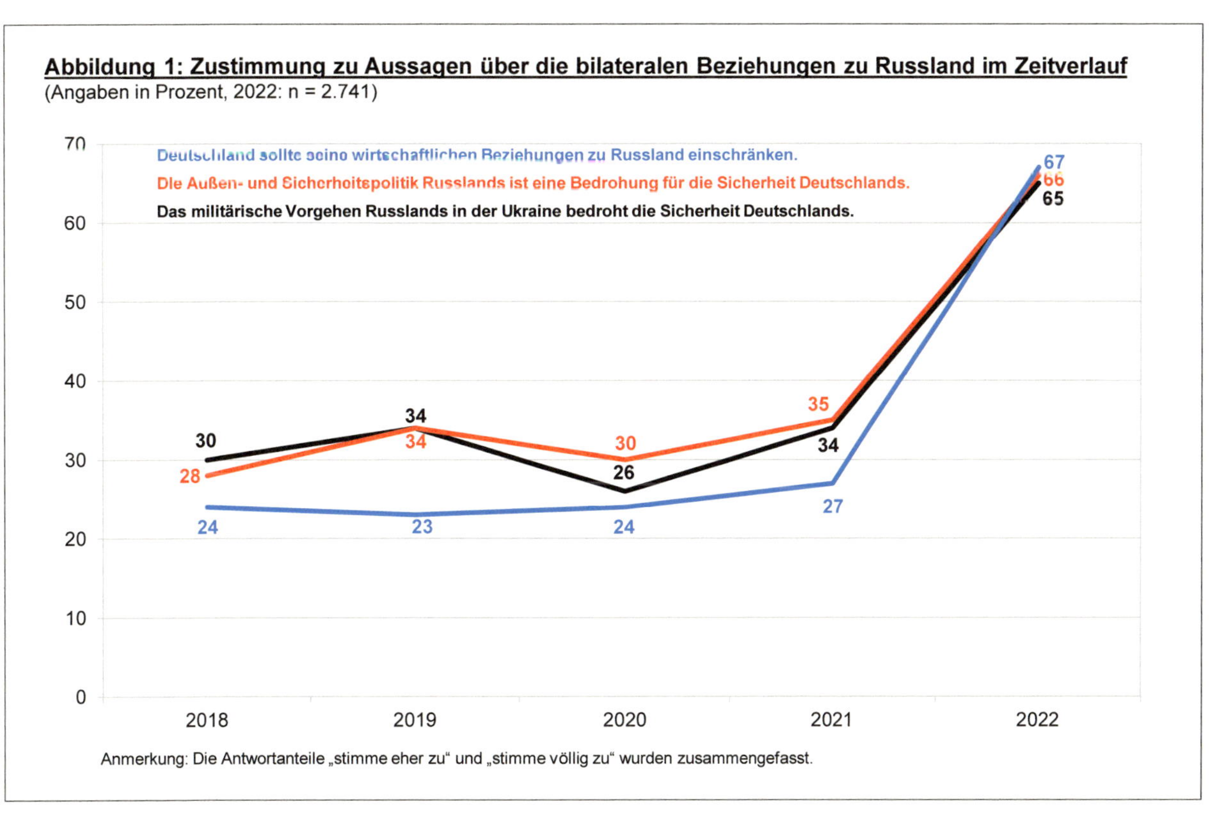

Anmerkung: Die Antwortanteile „stimme eher zu“ und „stimme völlig zu“ wurden zusammengefasst.

4 Verteidigungsausgaben und Personalumfang

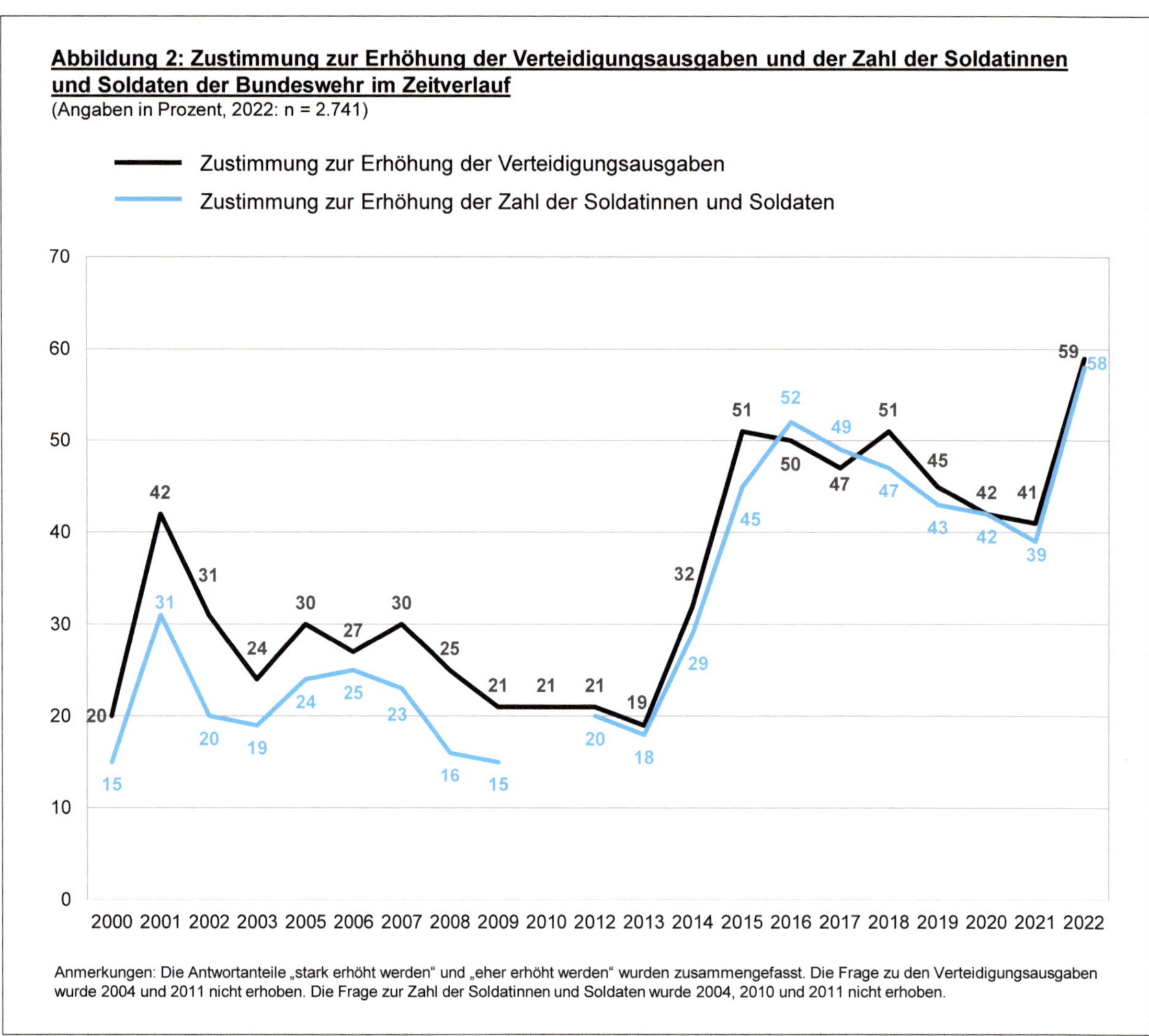

In den Zustimmungswerten zur Erhöhung der Verteidigungsausgaben und des Personalumfangs der Bundeswehr zeichnet sich die Zeitenwende im verteidigungspolitischen Meinungsbild deutlich ab: **Nahezu 6 von 10 Befragten befürworten aktuell eine finanzielle und personelle Aufstockung der Bundeswehr**, was einem Zuwachs von jeweils annähernd 20 Prozentpunkten im Vergleich zum Vorjahr entspricht (vgl. Abbildung 2). Nur eine Minderheit von 7 bzw. 5 Prozent plädiert für eine Reduzierung der Verteidigungsausgaben bzw. des Personalumfangs der Bundeswehr, während sich 29 bzw. 31 Prozent für ein gleichbleibendes Niveau aussprechen.

Insgesamt unterliegt das Meinungsbild zu den Verteidigungsausgaben und zur Zahl der Soldatinnen und Soldaten der Bundeswehr im Zeitverlauf bemerkenswerten Schwankungen: Ähnlich wie im Jahr 2022 stieg die öffentliche Zustimmung zur Erhöhung der Verteidigungsausgaben und der Personalstärke der Bundeswehr auch im Jahr 2001 und im Zeitraum 2014–2016 sprunghaft an, was als **Reaktion der Bevölkerung auf Veränderungen in der sicherheitspolitischen Lage** interpretiert werden kann (Anschläge vom 11. September 2001 und russische Annexion der Krim im Jahr 2014). Diese Interpretation wird in der aktuellen Situation auch durch die Ergebnisse weitergehender Analysen gestützt: Die Zustimmung zur Erhöhung der finanziellen und personellen Ressourcen der Bundeswehr steigt, je mehr **Russland als Bedrohung** für die Sicherheit Deutschlands wahrgenommen wird (vgl. Abschnitt 3).

Im **Vergleich zu anderen Politikfeldern** und unter Berücksichtigung der Tatsache, dass der Staatshaushalt begrenzt ist, sprechen sich aktuell 64 Prozent der Bürgerinnen und Bürger für eine Erhöhung der Verteidigungsausgaben aus (vgl. Abbildung 3). Damit wird der Verteidigung als Ausgabenbereich die gleiche Bedeutung beigemessen wie den Renten (64 Prozent) oder der

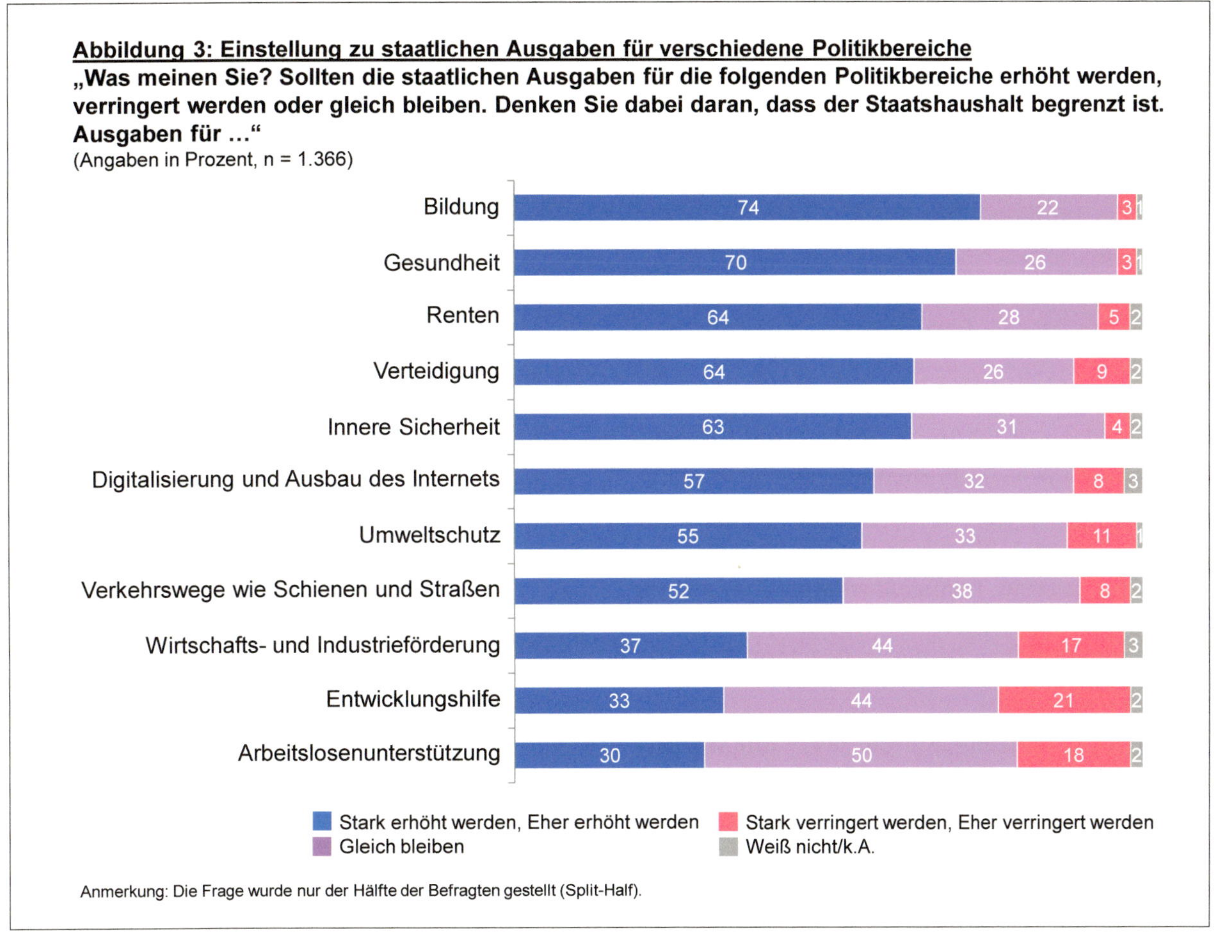

Abbildung 3: Einstellung zu staatlichen Ausgaben für verschiedene Politikbereiche
„Was meinen Sie? Sollten die staatlichen Ausgaben für die folgenden Politikbereiche erhöht werden, verringert werden oder gleich bleiben. Denken Sie dabei daran, dass der Staatshaushalt begrenzt ist. Ausgaben für …"
(Angaben in Prozent, n = 1.366)

Anmerkung: Die Frage wurde nur der Hälfte der Befragten gestellt (Split-Half).

Inneren Sicherheit (63 Prozent). Sie hat außerdem Vorrang vor den Politikfeldern Digitalisierung (57 Prozent), Umweltschutz (55 Prozent) und öffentliche Verkehrsinfrastruktur (52 Prozent).

Eine **Mehrheit der Befragten befürwortet die Erhöhung der Verteidigungsausgaben, weil es in Anbetracht der Bedrohungslage erforderlich ist** (65 Prozent) und damit die Bundeswehr ihre Aufträge erfüllen kann (64 Prozent) (vgl. Abbildung 4). Nur 42 Prozent sind davon überzeugt, dass einzig die Erhöhung der Verteidigungsausgaben die Ausrüstungsmängel der Bundeswehr erfolgreich beheben kann. Dagegen ist eine klare Mehrheit (70 Prozent) der Meinung, dass diese Mängel nur behoben werden können, wenn die Erhöhung der Verteidigungsausgaben von einer **Verbesserung der Beschaffungsprozesse** begleitet wird.

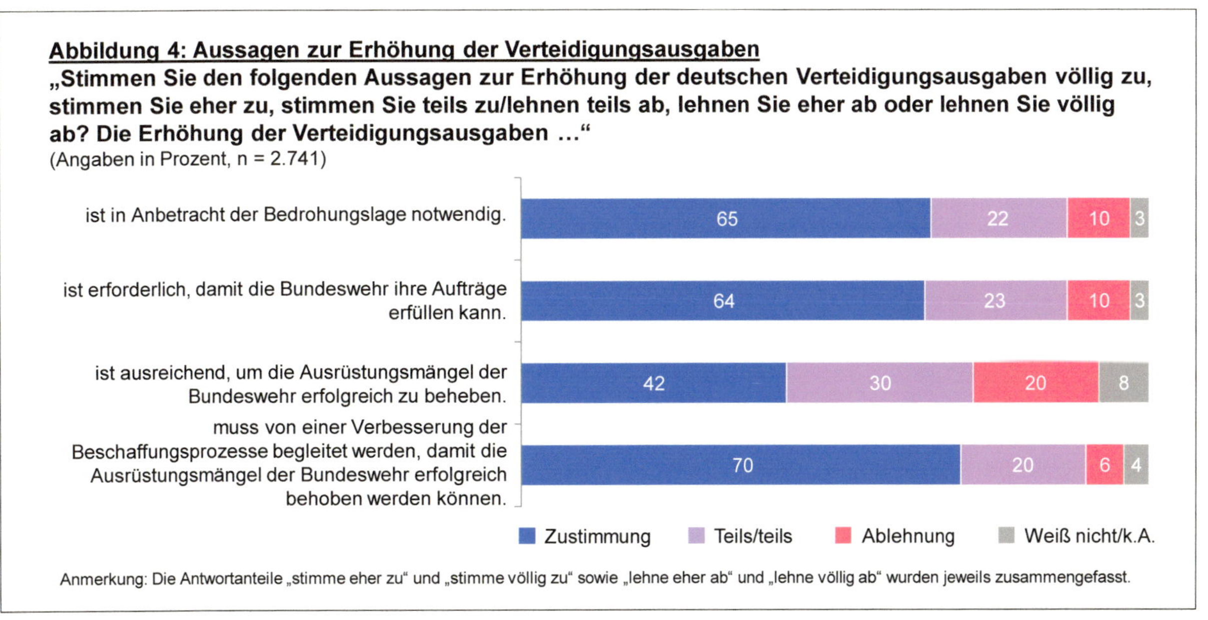

Abbildung 4: Aussagen zur Erhöhung der Verteidigungsausgaben
„Stimmen Sie den folgenden Aussagen zur Erhöhung der deutschen Verteidigungsausgaben völlig zu, stimmen Sie eher zu, stimmen Sie teils zu/lehnen teils ab, lehnen Sie eher ab oder lehnen Sie völlig ab? Die Erhöhung der Verteidigungsausgaben …"
(Angaben in Prozent, n = 2.741)

Anmerkung: Die Antwortanteile „stimme eher zu" und „stimme völlig zu" sowie „lehne eher ab" und „lehne völlig ab" wurden jeweils zusammengefasst.

5 Landes- und Bündnisverteidigung

Deutschlands Engagement und Mitgliedschaft in der **NATO erfährt in der deutschen Bevölkerung große Zustimmung**. Eine absolute Mehrheit ist der Auffassung, Deutschland müsse auch weiterhin der NATO angehören, um seine Sicherheit zu gewährleisten (73 Prozent; +1 Prozentpunkt im Vergleich zu 2021), und Deutschland sollte sich sicherheits- und verteidigungspolitisch vorrangig in der NATO engagieren (58 Prozent; +3 Prozentpunkte). Nur eine Minderheit von 8 bzw. 11 Prozent vertritt eine gegenteilige Meinung. Eine ebenfalls klare Mehrheit der Bürgerinnen und Bürger ist der Ansicht, dass Deutschland seine **finanziellen Zusagen an die NATO** einhalten sollte (69 Prozent; +1 Prozentpunkt). 8 Prozent lehnen dies ab und 21 Prozent sind unentschieden.

Die **Bündnisverteidigung als Kernaufgabe der Bundeswehr** wird ebenfalls von einer klaren Mehrheit der Befragten unterstützt (vgl. Abschnitt 17): 73 Prozent (+1 Prozentpunkt) bzw. 72 Prozent (+2 Prozentpunkte) befürworten den Einsatz der Bundeswehr, um einem Verbündeten zu helfen, der angegriffen bzw. bedroht wird, jeweils 6 Prozent lehnen dies ab und 20 bzw. 22 Prozent sind unentschieden.

Die Mehrheit der Bevölkerung bewertet die **Bündnistreue Deutschlands** positiv: 62 Prozent (-5 Prozentpunkte) sind davon überzeugt, dass Deutschland zu seinen Verpflichtungen gegenüber anderen NATO-Staaten steht, 10 Prozent sind gegenteiliger und 24 Prozent geteilter Meinung in dieser Frage.

Die **Verstärkung der militärischen Präsenz der NATO in Osteuropa** stößt aktuell in der Bevölkerung auf größere Zustimmung als noch im Vorjahr (vgl. Abbildung 5): 49 Prozent (+13 Prozentpunkte) sprechen sich dafür aus, dass die NATO ihre Präsenz in Osteuropa verstärken sollte, 22 Prozent lehnen dies ab und 24 Prozent sind unentschieden. Zudem plädiert inzwischen eine absolute Mehrheit (53 Prozent; +22 Prozentpunkte) dafür, dass Deutschland die **baltischen Staaten militärisch unterstützen** sollte, damit sich diese gegen Russland wehren können, 16 Prozent lehnen dies ab und 27 Prozent haben eine ambivalente Haltung. Zudem sprechen sich 50 Prozent für ein grundsätzlich **stärkeres militärisches Engagement Deutschlands zur Sicherung der NATO-Ostflanke** aus, während 20 Prozent dies ablehnen und 26 Prozent geteilter Meinung sind.

Auch die **Unterstützung für die Missionen der Bundeswehr zur Sicherung der NATO-Ostflanke** ist im Vergleich zum Vorjahr deutlich gestiegen. Aktuell

Abbildung 5: Zustimmung zur Sicherung der NATO-Ostflanke
(Angaben in Prozent, 2022: n = 2.741)

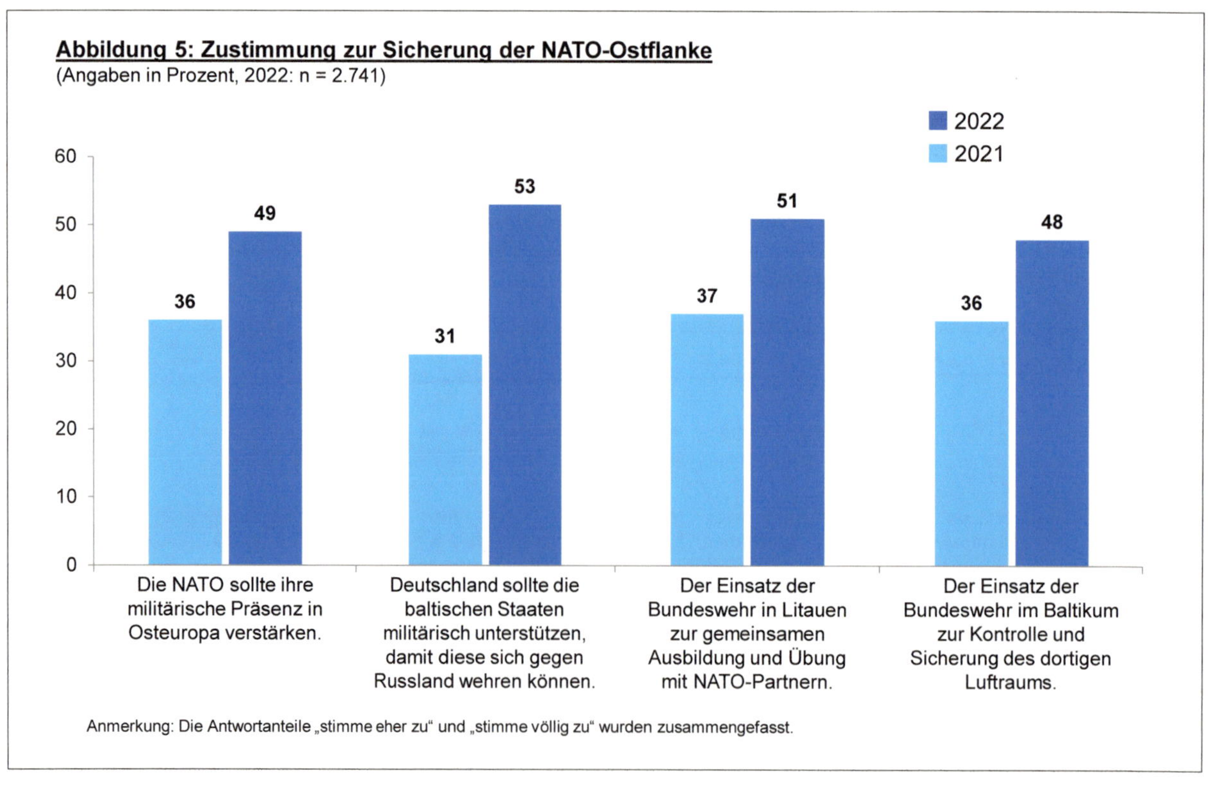

Anmerkung: Die Antwortanteile „stimme eher zu" und „stimme völlig zu" wurden zusammengefasst.

wird die Beteiligung der Bundeswehr an der enhanced Forward Presence in Litauen von einer absoluten Mehrheit der Befragten (51 Prozent; +14 Prozentpunkte) und am verstärkten Air Policing im Baltikum von einer relativen Mehrheit (48 Prozent; +12 Prozentpunkte) unterstützt. Wie die Ergebnisse in Abschnitt 6 zeigen, erhalten die Missionen der Bundeswehr im Rahmen der Landes- und Bündnisverteidigung im Durchschnitt mehr öffentlichen Zuspruch als die Auslandseinsätze im Rahmen des internationalen Krisenmanagements.

Wurde in den vergangenen Jahren ein ausgeprägtes Missverhältnis zwischen der hohen Zustimmung zu Deutschlands Engagement und Mitgliedschaft in der NATO und dem eher geringen Zuspruch zur praktischen Verstärkung der NATO-Ostflanke beobachtet, so hat sich diese Diskrepanz infolge des Ukraine-Kriegs verringert (vgl. Abbildung 6). **Die prinzipielle Zustimmung zu Deutschlands Engagement und Mitgliedschaft in der NATO bleibt unverändert hoch, während die öffentliche Unterstützung für konkrete Maßnahmen zur Sicherung der NATO-Ostflanke und zur Rückversicherung der östlichen Bündnispartner deutlich zugenommen hat.**

Für diese Entwicklung in der Haltung zur Bündnisverteidigung dürfte insbesondere das gestiegene **Bedrohungsgefühl durch Russland** verantwortlich sein (vgl. Abschnitt 2). Aktuell ist zu beobachten: Wer Russland als Bedrohung für die Sicherheit Deutschlands wahrnimmt, unterstützt alle Aussagen zur konkreten Bündnisverteidigung sehr viel stärker als jene Befragten, die Russland nicht als Bedrohung wahrnehmen oder ein ambivalentes Bedrohungsgefühl haben: NATO-Präsenz in Osteuropa verstärken 57 zu 30 Prozent; militärische Unterstützung der baltischen Staaten 62 zu 28 Prozent; grundsätzlich stärkeres militärisches Engagement Deutschlands an der Ostflanke 57 zu 33 Prozent; Einsatz der Bundeswehr in Litauen 59 zu 28 Prozent; Einsatz der Bundeswehr beim Air Policing im Baltikum 56 zu 27 Prozent.

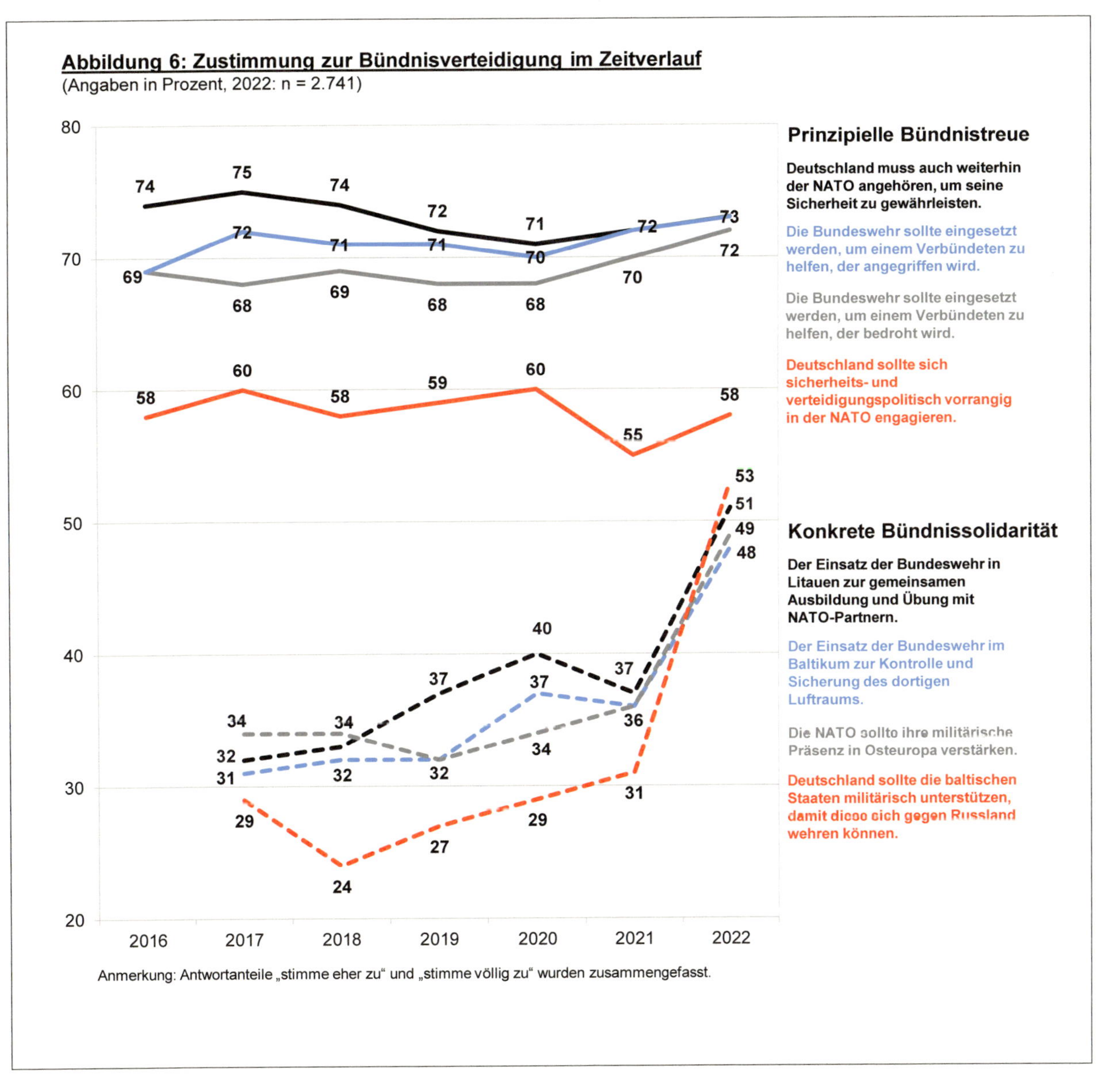

6 Einsätze der Bundeswehr im Ausland

Grundsätzlich lassen sich die Einsätze der Bundeswehr im Ausland zwei Kategorien zuordnen: Die Auslandseinsätze im Rahmen des internationalen Krisenmanagements bedürfen der Zustimmung des Deutschen Bundestags (z.B. Friedenssicherung in Mali). Für die Beteiligung der Bundeswehr an Missionen zur Landes- und Bündnisverteidigung in anderen NATO-Staaten („anerkannte Missionen“) ist dagegen kein Mandat des Bundestags erforderlich (z.B. Sicherung des Luftraums im Baltikum).

Die Beteiligung der Bundeswehr an den Missionen zur Landes- und Bündnisverteidigung erfährt in der Bevölkerung im Durchschnitt mehr Zustimmung als die Auslandseinsätze im Rahmen des internationalen Krisenmanagements (vgl. Abbildung 7). Im Vergleich zum Vorjahr ist die **Zustimmung zu den Missionen zur Bündnisverteidigung im Baltikum stark gestiegen:** Sie werden inzwischen von einer absoluten oder einer relativen Mehrheit befürwortet (enhanced Forward Presence Litauen: 51 Prozent; +14 Prozentpunkte; Air Policing Baltikum: 48 Prozent; +12 Prozentpunkte). Wie in Abschnitt 5 erwähnt, stießen diese Bundeswehr-Engagements in den Jahren 2017–2021 eher auf ein geteiltes Echo in Deutschland. Infolge des Ukraine-Kriegs hat sich das ehemals ambivalente Stimmungsbild zu Deutschlands militärischem Engagement im Baltikum also gewandelt. Als Reaktion auf Russlands Angriffskrieg gegen die Ukraine hat die NATO weitere Maßnahmen ergriffen, um die Ostflanke des Bündnisgebietes zu schützen. Die Bundeswehr beteiligt sich an den **Missionen zur Sicherung des Luftraums über Polen, der Slowakei und Rumänien**. Auch diese neuen Engagements der Bundeswehr zum Schutz des östlichen Bündnisgebietes werden mehrheitlich begrüßt: Polen von 51 Prozent, Slowakei von 46 Prozent und Rumänien von 43 Prozent.

Die Auslandseinsätze der Bundeswehr im Rahmen des internationalen Krisenmanagements werden insgesamt eher kritisch bewertet – wie bereits in den Vorjahren. Ausnahmen sind die Seeraumüberwachung im Mittelmeer (Operation Sea Guardian: 51 Prozent Zustimmung; +8 Prozentpunkte) und der Einsatz im Kosovo zur Stabilisierung der Balkanregion (43 Prozent Zustimmung; +5 Prozentpunkte), die positiver als im Vorjahr bewertet und als einzige Auslandseinsätze von größeren Teilen in der Bevölkerung befürwortet werden. Die übrigen Auslandseinsätze im Rahmen des internationalen Krisenmanagements stoßen dagegen entweder auf ein geteiltes Stimmungsbild in der Bevölkerung (Mali, Libanon und Libyen) oder werden tendenziell sogar abgelehnt (Südsudan, Irak und Niger).

Die Hälfte der Bürgerinnen und Bürger fühlt sich schlecht über die Auslandseinsätze der Bundeswehr informiert. Damit setzt sich die negative Entwicklung der vergangenen Jahre fort: Der Anteil derjenigen, die sich sehr schlecht oder eher schlecht informiert fühlen, ist von 27 Prozent im Jahr 2015 kontinuierlich auf 51 Prozent im Jahr 2022 gestiegen, während im gleichen Zeitraum der Anteil derjenigen, die sich gut informiert fühlen, von 40 Prozent auf 15 Prozent gesunken ist. Dabei wünscht sich nahezu die Hälfte der Befragten (47 Prozent), ausführlicher über die Einsätze der Bundeswehr im Ausland informiert zu werden, während ebenso viele angeben, kein größeres Informationsbedürfnis zu haben (46 Prozent).

Der Wissensstand in der Bevölkerung über die konkreten Einsätze der Bundeswehr im Ausland bleibt auch im Jahr 2022 im Mittel eher gering (vgl. Abbildung 8), obwohl im Vergleich zum Vorjahr die Bekanntheit aller Einsätze gestiegen ist. Besonders stark gestiegen ist der Informationsstand zu den Missionen im Baltikum zur Sicherung der NATO-Ostflanke (enhanced Forward Presence Litauen: +11 Prozentpunkte; Air Policing Baltikum: +9 Prozentpunkte). Dennoch sind die Missionen der Landes- und Bündnisverteidigung im Mittel nicht bekannter als die Auslandseinsätze im Rahmen des internationalen Krisenmanagements.

Der in der Bevölkerung geringe Wissensstand über die Einsätze der Bundeswehr im Ausland und der hohe Anteil an Befragten, die sich grundsätzlich schlecht über die Auslandseinsätze der Bundeswehr informiert fühlen, ist bedenklich, weil die Zustimmung zu den Einsätzen der Bundeswehr im Ausland stark vom Kenntnisstand über diese abhängt (vgl. Tabelle 2). Dementsprechend gilt: Wissen schafft Zustimmung.

Abbildung 7: Einstellungen zu den Einsätzen der Bundeswehr im Ausland

„Bitte sagen Sie mir, ob Sie der Beteiligung der Bundeswehr an den folgenden Einsätzen im Ausland völlig zustimmen, eher zustimmen, teils zustimmen/teils ablehnen, eher ablehnen oder völlig ablehnen. Der Einsatz der Bundeswehr …"

(Angaben in Prozent, n = 2.741)

Anmerkungen: Die Antwortanteile „stimme eher zu" und „stimme völlig zu" sowie „lehne eher ab" und „lehne völlig ab" wurden jeweils zusammengefasst. *Keine Vergleichbarkeit zum Vorjahr, weil die Frage mit einem nicht vergleichbaren Instrument erhoben wurde.

Abbildung 8: Wissensstand über die Einsätze der Bundeswehr im Ausland
„Was wissen Sie über die aktuellen Einsätze der Bundeswehr im Ausland? Sagen Sie bitte zu jedem Einsatz, ob Sie sehr viel, eher viel, eher wenig oder gar nichts über diesen wissen. Der Einsatz der Bundeswehr …"
(Angaben in Prozent, n = 2.741)

Anmerkung: *Keine Vergleichbarkeit zum Vorjahr, weil die Frage mit einem nicht vergleichbaren Instrument erhoben wurde.

Tabelle 2: Einstellungen zu den Auslandseinsätzen der Bundeswehr in Abhängigkeit vom Kenntnisstand

„Bitte sagen Sie mir, ob Sie der Beteiligung der Bundeswehr an den folgenden Einsätzen im Ausland völlig zustimmen, eher zustimmen, teils zustimmen/teils ablehnen, eher ablehnen oder völlig ablehnen. Der Einsatz der Bundeswehr ..."
(Angaben in Prozent, n = 2.741)

	Stimme zu[1]	Teils/teils	Lehne ab[2]	Weiß nicht/ k.A.
Litauen (enhanced Forward Presence) ***				
Wissen vorhanden[3]	72	19	9	(3)
Wissen nicht vorhanden[4]	46	26	24	8
Polen (Luftraumüberwachung) ***				
Wissen vorhanden	70	17	13	(0)
Wissen nicht vorhanden	47	25	24	4
Baltikum (Air Policing Baltikum) ***				
Wissen vorhanden	68	(20)	(12)	(0)
Wissen nicht vorhanden	42	30	22	5
Slowakei (enhanced Vigilance Activities) ***				
Wissen vorhanden	63	24	12	(1)
Wissen nicht vorhanden	43	26	25	6
Rumänien (enhanced Air Policing South) ***				
Wissen vorhanden	61	23	17	(0)
Wissen nicht vorhanden	41	27	27	6
Mittelmeer (Operation Sea Guardian) ***				
Wissen vorhanden	68	23	8	(1)
Wissen nicht vorhanden	46	28	22	4
Kosovo (KFOR) ***				
Wissen vorhanden	63	25	12	(0)
Wissen nicht vorhanden	36	34	27	6
Mali (MINUSMA) ***				
Wissen vorhanden	48	32	19	(1)
Wissen nicht vorhanden	28	29	36	6
Libanon (UNIFIL) ***				
Wissen vorhanden	53	29	18	(1)
Wissen nicht vorhanden	28	31	35	5
Libyen (EUNAVFOR Med Irini) ***				
Wissen vorhanden	53	31	16	(0)
Wissen nicht vorhanden	27	30	37	6
Südsudan (UNMISS) ***				
Wissen vorhanden	52	29	19	(1)
Wissen nicht vorhanden	26	30	38	6
Irak (Capacity Building Irak) ***				
Wissen vorhanden	53	31	15	(1)
Wissen nicht vorhanden	22	29	44	6
Niger (EUTM Mali/Gazelle) ***				
Wissen vorhanden	51	29	19	(1)
Wissen nicht vorhanden	20	26	47	6

Anmerkungen: 1) Antwortanteile „stimme völlig zu" und „stimme eher zu" zusammengefasst; 2) Antwortanteile „lehne völlig ab" und „lehne eher ab" zusammengefasst; 3) Antwortanteile „weiß sehr viel" und „weiß eher viel" zusammengefasst; 4) Antwortanteile „weiß eher wenig" und „weiß gar nichts" zusammengefasst. Einzelne Prozentangaben ergeben mitunter in der Summe nicht 100 Prozent, da sie gerundet wurden. Analyseverfahren: Chi²-Unabhängigkeits-Test, Signifikanzniveau: *** $p < 0{,}001$; ** $p < 0{,}01$; * $p < 0{,}05$; n.s. = nicht signifikant ($p \geq 0{,}05$); Werte in Klammern: $n \leq 50$.

7 Wehrdienst und Verteidigungsbereitschaft

Die Wehrpflicht in Deutschland wurde 2011 ausgesetzt, weil es im Zuge der damaligen Streitkräftereform sinnvoll erschien und die sicherheitspolitische Lage einen solchen Schritt zuließ. Im Spannungs- oder Verteidigungsfall könnte die Wehrpflicht gemäß Artikel 12a des Grundgesetzes jedoch wieder aktiviert werden.

Eine Mehrheit von 50 Prozent hält aktuell die Einführung eines Wehrdienstes im Rahmen einer allgemeinen Dienstpflicht für notwendig, während 23 Prozent keine Notwendigkeit sehen und 22 Prozent unentschieden sind (vgl. Abbildung 9). Die Überzeugung, ein Wehrdienst sei notwendig, nimmt mit steigendem Alter zu (16–29 Jahre: 36 Prozent; 30–49 Jahre: 48 Prozent; 50 Jahre und älter: 57 Prozent) und ist unter Männern (56 Prozent) stärker ausgeprägt als unter Frauen (45 Prozent). In der jüngsten Altersgruppe (16–29 Jahre) bestehen zwischen Männern und Frauen keine statistisch signifikanten Unterschiede in der Bewertung dieser Frage.

Ein großer Teil der Bürgerinnen und Bürger erwartet von einer möglichen Einführung eines Wehrdienstes eine Reihe positiver Auswirkungen (vgl. Abbildung 9). 45 Prozent sind der Auffassung, dass ein Wehrdienst die **Beziehungen zwischen der Bundeswehr und der Gesellschaft verbessern** würde (26 Prozent unentschieden; 23 Prozent Ablehnung). 60 Prozent erwarten von der Einführung eines Wehrdienstes einen positiven Effekt für die Personalgewinnung der Bundeswehr (24 Prozent unentschieden; 13 Prozent Ablehnung). Zudem ist eine Mehrheit der Befragten davon überzeugt (57 Prozent), dass ein Wehrdienst die Fähigkeit der Bundeswehr zur Landes- und Bündnisverteidigung stärken würde (24 Prozent unentschieden; 15 Prozent Ablehnung).

Die Teilnehmerinnen und Teilnehmer bis 50 Jahre (n = 1.377) wurden darüber hinaus zu ihrer **persönlichen Verteidigungsbereitschaft** befragt. 41 Prozent (+8 Prozentpunkte im Vergleich zu 2021) geben an, Deutschland im Falle eines militärischen Angriffs mit der Waffe verteidigen zu wollen, während eine Mehrheit von 51 Prozent (-6 Prozentpunkte) dies ablehnt. 8 Prozent der Befragten wollten oder konnten diese Frage nicht beantworten. Die persönliche Verteidigungsbereitschaft der jüngeren Befragten (16–29 Jahre: 41 Prozent) unterscheidet sich nicht von der der älteren Befragten (30–50 Jahre: 41 Prozent). Mehr Männer (59 Prozent) als Frauen (22 Prozent) erklären sich bereit zur Verteidigung Deutschlands mit der Waffe. Am stärksten ist die persönliche Verteidigungsbereitschaft unter jungen Männern (16–29 Jahre) ausgeprägt (61 Prozent).

Abbildung 9: Aussagen zur möglichen Einführung eines Wehrdienstes

„Die Wehrpflicht ist in Deutschland seit 2011 ausgesetzt. Seit mehreren Jahren wird aber öffentlich über die mögliche Einführung einer allgemeinen Dienstpflicht für junge Erwachsene diskutiert, in deren Rahmen auch wieder ein Wehrdienst bei der Bundeswehr geleistet werden könnte. Bitte sagen Sie mir zu jeder der nachfolgenden Aussagen, ob Sie ihr völlig zustimmen, eher zustimmen, teils zustimmen/teils ablehnen, eher ablehnen oder völlig ablehnen.
Die Einführung eines Wehrdienstes im Rahmen einer allgemeinen Dienstpflicht …"
(Angaben in Prozent, n = 2.741)

	Zustimmung	Teils/teils	Ablehnung	Weiß nicht/k.A.
ist notwendig.	50	22	23	5
würde die Beziehungen zwischen der Bundeswehr und der Gesellschaft verbessern.	45	26	23	6
würde der Bundeswehr bei der Personalgewinnung helfen.	60	24	13	4
würde die Fähigkeit der Bundeswehr zur Landes- und Bündnisverteidigung stärken.	57	24	15	4

Anmerkung: Die Antwortanteile „stimme eher zu" und „stimme völlig zu" sowie „lehne eher ab" und „lehne völlig ab" wurden jeweils zusammengefasst.

8 Nukleare Abschreckung

Im Zuge des Ukraine-Krieges im Allgemeinen und vor dem Hintergrund der militärischen Unterstützung für die ukrainischen Streitkräfte durch westliche Länder im Besonderen hat Russland den westlichen Ländern indirekt mit dem Einsatz von Atomwaffen gedroht. Der Einsatz dieser Waffen wird von den russischen Streitkräften fortwährend geübt. Deutschland und die gesamte Europäische Union liegen in Reichweite russischer Nuklearwaffen. In der russischen Exklave Kaliningrad stationierte Mittelstrecken-Raketen könnten Deutschland innerhalb von wenigen Minuten erreichen. Angesichts dessen betonte Bundeskanzler Olaf Scholz am 22. April 2022 in einem Interview mit dem Nachrichtenmagazin „Der Spiegel“, dass es keinen Atomkrieg geben dürfe.

Wie die Ergebnisse in Abschnitt 2 offenbaren, fühlen sich aktuell 42 Prozent der Bürgerinnen und Bürger von einem **Krieg mit Atomwaffen** in ihrer persönlichen Sicherheit bedroht, 30 Prozent haben ein ambivalentes Bedrohungsgefühl und 27 Prozent fühlen sich nicht bedroht. Dabei steht die Sorge vor einem Krieg mit Nuklearwaffen in einem positiven und statistisch signifikanten Zusammenhang mit der Wahrnehmung von Spannungen zwischen dem Westen und Russland und der Angst vor Krieg in Europa.

Die NATO-Staaten USA, Großbritannien und Frankreich verfügen über Nuklearwaffen. Dieses Potenzial dient der NATO zur Abschreckung möglicher Gegner, die ihrerseits über Nuklearwaffen verfügen, wie z.B. Russland. Die Hälfte (50 Prozent) der Befragten ist der Auffassung, dass die **NATO am Prinzip der nuklearen Abschreckung festhalten sollte**, 22 Prozent sind gegenteiliger Meinung und 23 Prozent sind unentschieden.

Deutschland verfügt über keine eigenen Nuklearwaffen, hierzulande sind jedoch Nuklearwaffen der USA stationiert. Eine relative Mehrheit von 42 Prozent der Befragten ist davon überzeugt, dass **amerikanische Atomwaffen zur Abschreckung Russlands in Deutschland stationiert bleiben sollten**, 30 Prozent lehnen dies ab und 23 Prozent sind geteilter Meinung.

Deutschland beteiligt sich an der **nuklearen Teilhabe im Rahmen der NATO**, d.h. die Bundeswehr verfügt über Kampfflugzeuge vom Typ Tornado, die die amerikanischen Atombomben zum Einsatz bringen könnten. Deutschland allein kann über den Einsatz dieser Waffen nicht entscheiden. 38 Prozent der Bürgerinnen und Bürger stimmen der Aussage zu, dass sich „Deutschland weiterhin an der nuklearen Teilhabe im Rahmen der NATO beteiligen sollte, d.h. Deutschland sollte mit eigenen Flugzeugen amerikanische Atomwaffen zum Einsatz bringen können“, 31 Prozent lehnen diese Aussage ab und 24 Prozent haben eine ambivalente Haltung.

Bereits vor Russlands Angriffskrieg gegen die Ukraine wurde innerhalb der EU sowie zwischen Frankreich und Deutschland die Idee diskutiert, ein von den USA unabhängiges europäisches Nuklearwaffenpotenzial aufzubauen. Diese Überlegungen werden auch durch den EU-Austritt der Nuklearmacht Großbritannien beeinflusst. Wie die Ergebnisse in Abschnitt 10 zeigen, plädiert eine klare Mehrheit der deutschen Bevölkerung für eine Vertiefung der EU-Verteidigungszusammenarbeit. Der **Idee gemeinsamer europäischer Nuklearwaffen stehen die Bürgerinnen und Bürger jedoch eher skeptisch gegenüber**: 32 Prozent sprechen sich dafür aus, dass die EU gemeinsame Atomwaffen haben sollte, 43 Prozent lehnen diese Überlegung ab und 21 Prozent sind unentschieden.

Festzuhalten ist: Viele Bürgerinnen und Bürger haben in der aktuellen Situation Angst vor einem Atomkrieg und die Mehrheit der Befragten glaubt, dass die NATO am Prinzip der nuklearen Abschreckung festhalten sollte. Deutschlands Rolle in der nuklearen Teilhabe der NATO ist jedoch umstritten und der Aufbau gemeinsamer Nuklearstreitkräfte im Rahmen der EU wird sogar von einer relativen Mehrheit abgelehnt. Zur Abschreckung Russlands wird eher der Verbleib amerikanischer Atombomben in Deutschland akzeptiert.

9 Außenpolitische Grundhaltungen

Eine Mehrheit von 58 Prozent der Befragten plädiert dafür, dass Deutschland eher eine **aktive Außenpolitik** verfolgen und bei der Bewältigung von Problemen, Krisen und Konflikten mithelfen sollte (+5 Prozentpunkte im Vergleich zu 2021). Dagegen sind 35 Prozent (-3 Prozentpunkte) der Meinung, Deutschland sollte sich eher aus Problemen, Krisen und Konflikten heraushalten. 67 Prozent (+11 Prozentpunkte) sind der Überzeugung, dass die **Verantwortung Deutschlands auf internationaler Ebene** in den letzten Jahren zugenommen hat. Das **Bekenntnis zum Prinzip des Multilateralismus ist unverändert stark**: 74 Prozent stimmen der Aussage zu, dass Deutschland sich bei einer internationalen Krise mit seinen Verbündeten auf eine gemeinsame Haltung einigen sollte. Nur eine Minderheit von 6 Prozent lehnt ein solches Vorgehen ab. Eher ambivalent ausgeprägt ist die **Bereitschaft zur Anwendung militärischer Gewalt zur Aufrechterhaltung der internationalen Ordnung**: 37 Prozent (+4 Prozentpunkte) betrachten ein solches Vorgehen als manchmal notwendig, 32 Prozent lehnen dies grundsätzlich ab und 29 Prozent sind unentschieden.

Zum **Verhältnis zwischen Bundesregierung und Bundestag bei Entscheidungen über militärische Einsätze und Angelegenheiten** ist das Meinungsbild eindeutig: 63 Prozent (-4 Prozentpunkte) der Bürgerinnen und Bürger sind dafür, dass die Bundeswehr nur mit Zustimmung des Bundestags in Einsätze entsendet werden sollte. Eine relative Mehrheit von 47 Prozent (-2 Prozentpunkte) der Befragten spricht sich dagegen aus, dass die Bundesregierung in militärischen Angelegenheiten allein und ohne Mitwirkung des Bundestags handeln können sollte.

Gefragt nach den **Mitteln, die Deutschland in der Außen- und Sicherheitspolitik einsetzen sollte**, erhalten diplomatische Verhandlungen die größte Zustimmung der Befragten (84 Prozent; keine Veränderung). Die Mehrheit der Bevölkerung befürwortet zudem Rüstungskontrolle (70 Prozent; -2 Prozentpunkte), Wirtschaftssanktionen (68 Prozent; +7 Prozentpunkte), Entwicklungszusammenarbeit (63 Prozent; -7 Prozentpunkte) sowie die Beteiligung der Bundeswehr an Ausbildungseinsätzen (61 Prozent; +1 Prozentpunkt), Stabilisierungseinsätzen (58 Prozent; +1 Prozentpunkt) und an Maßnahmen zur NATO-Bündnisverteidigung (57 Prozent). Im Vergleich zum Vorjahr ist die **Zustimmung am stärksten zu jenen Mitteln gestiegen, die von der Bundesregierung im Kontext des Ukraine-Krieges genutzt werden**: Waffenlieferungen an befreundete Staaten (48 Prozent; +15 Prozentpunkte; vgl. Abbildung 10); die Aufnahme von Flüchtlingen (40 Prozent; +9 Prozentpunkte) und Wirtschaftssanktionen (68 Prozent; +7 Prozentpunkte). Die Beteiligung der Bundeswehr an Kampfeinsätzen wird eher kritisch betrachtet (38 Prozent Zustimmung; +4 Prozentpunkte).

Eine relative Mehrheit von 45 Prozent (-1 Prozentpunkt) der Befragten befürwortet ein **stärkeres Engagement Deutschlands in den Vereinten Nationen zum Schutz der regelbasierten internationalen Ordnung**. 55 Prozent (-3 Prozentpunkte) sind dafür, dass Deutschland sich um einen ständigen Sitz im Sicherheitsrat der Vereinten Nationen bemühen sollte. Jedoch plädieren nur 36 Prozent (+2 Prozentpunkte) für eine stärkere militärische Beteiligung Deutschlands an den Einsätzen der Vereinten Nationen und 32 Prozent für eine Beteiligung an Kampfeinsätzen, die von den Vereinten Nationen autorisiert sind.

Abbildung 10: Zustimmung zu Waffenlieferungen an befreundete Staaten
„Welche Mittel sollte Deutschland in der Außen- und Sicherheitspolitik einsetzen? Waffenlieferungen an befreundete Staaten“ (Angaben in Prozent, 2022: n = 2.741)

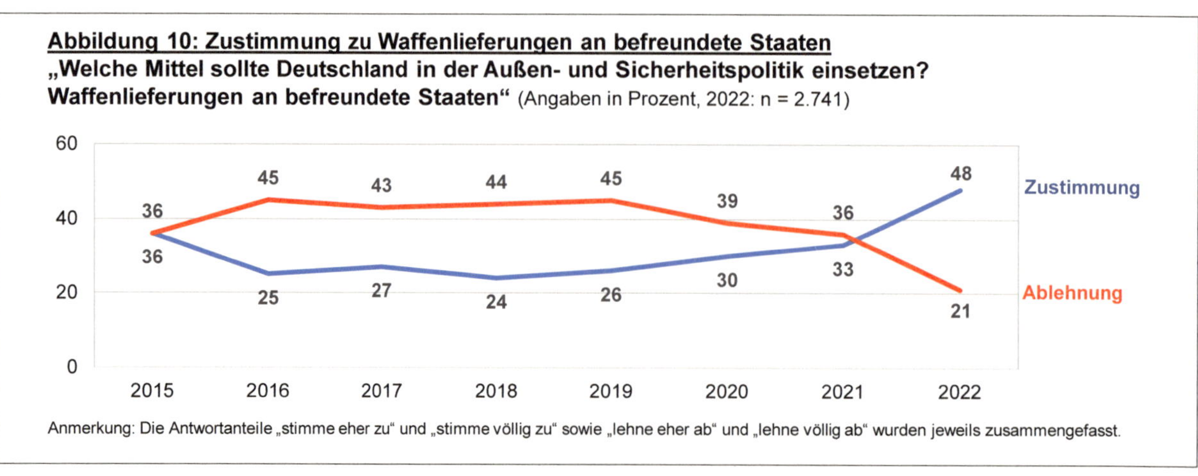

Anmerkung: Die Antwortanteile „stimme eher zu“ und „stimme völlig zu“ sowie „lehne eher ab“ und „lehne völlig ab“ wurden jeweils zusammengefasst.

10 EU-Verteidigungszusammenarbeit

In der Bevölkerung besteht ein **positives Meinungsbild zur EU-Verteidigungskooperation**. Im Vergleich zum Vorjahr bleibt diese positive Grundhaltung nahezu unverändert. Eine Mehrheit ist der Auffassung, dass die EU eine **gemeinsame Sicherheits- und Verteidigungspolitik** haben (63 Prozent; -1 Prozentpunkt), die gemeinsame Entwicklung europäischer Rüstungsprojekte finanziell unterstützen (55 Prozent; +4 Prozentpunkte) und als **eigenständiger sicherheits- und verteidigungspolitischer Akteur** auftreten (52 Prozent; +1 Prozentpunkt) sollte. Dem **Aufbau einer gemeinsamen europäischen Armee** im Rahmen der EU stehen die Bürgerinnen und Bürger etwas kritischer gegenüber (43 Prozent Zustimmung; -4 Prozentpunkte). Darüber hinaus sind 58 Prozent davon überzeugt, dass sich Deutschland sicherheits- und verteidigungspolitisch vorrangig gemeinsam mit den Staaten der EU engagieren sollte (-1 Prozentpunkt).

Hinsichtlich der **Kooperation zwischen der EU und der NATO** scheinen sich die Präferenzen der Bürgerinnen und Bürger zu widersprechen. Während 53 Prozent (-2 Prozentpunkte) dafür plädieren, dass die EU ihre Sicherheit unabhängig von der NATO gewährleisten können sollte, sprechen sich 63 Prozent (+5 Prozentpunkte) für eine engere Zusammenarbeit von EU und NATO in der Verteidigungspolitik aus. Dieser scheinbare Widerspruch kann jedoch aufgelöst werden: Die Einstellung zu Deutschlands Mitgliedschaft und Engagement in der NATO (vgl. Abschnitt 5) korreliert statistisch signifikant und positiv mit allen genannten Aspekten der EU-Verteidigungszusammenarbeit, d.h. **je mehr Deutschlands Mitgliedschaft und Engagement in der NATO unterstützt wird, desto stärker wird auch die EU-Verteidigungszusammenarbeit befürwortet**. Die Gruppe der NATO-Befürworter in der deutschen Bevölkerung stimmt darüber hinaus allen Teilaspekten der EU-Verteidigungszusammenarbeit stärker zu als die Gruppe der NATO-Gegner: Gemeinsame Sicherheits- und Verteidigungspolitik 73 zu 32 Prozent Zustimmung; EU als eigenständiger sicherheitspolitischer Akteur 60 zu 30 Prozent Zustimmung; Europäischer Verteidigungsfonds 66 zu 23 Prozent Zustimmung; EU-Armee 50 zu 22 Prozent Zustimmung. Diese Befunde legen nahe, dass der **Ausbau der EU-Verteidigungszusammenarbeit als ein Beitrag zur Stärkung der europäischen Säule der NATO** verstanden wird.

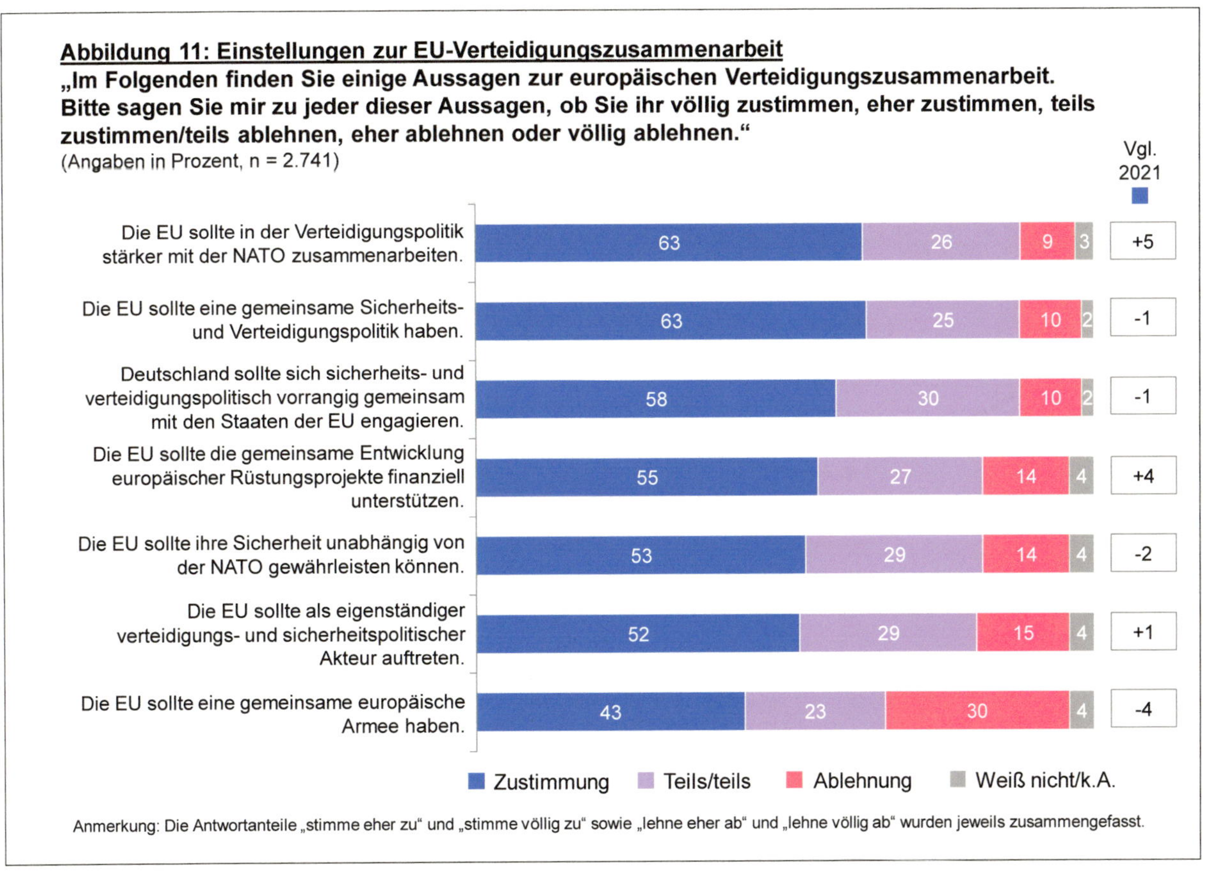

11 Bilaterale Beziehungen zu den USA

Wurden die bilateralen Beziehungen zu den USA während der Amtszeit von Präsident Donald Trump (2017–2021) von den Bundesbürgerinnen und -bürgern eher kritisch wahrgenommen, so verbesserte sich die Wahrnehmung schlagartig mit dem Amtsantritt von Präsident Joe Biden im Jahr 2021 (vgl. Abbildung 12). **„Spannungen zwischen Europa und den USA" empfinden die Bürgerinnen und Bürger aktuell als die geringste Bedrohung für ihre persönliche Sicherheit** (vgl. Abschnitt 2, Tabelle 1).

Einer der Gründe ist: Im Vergleich zum Vorjahr hat sich die **Wahrnehmung der bilateralen Beziehungen zu den USA erneut verbessert**. Auf den großen „Biden-Effekt" im Jahr 2021 folgt ein etwas kleinerer „Ukraine-Effekt" in diesem Jahr. 63 Prozent (+5 Prozentpunkte im Vergleich zu 2021) der Befragten sehen in den USA einen zuverlässigen Partner (vgl. Abbildung 12), der mit Deutschland gemeinsame Werte teilt (55 Prozent Zustimmung; + 2 Prozentpunkte). Eine Einschränkung der wirtschaftlichen Beziehungen zu den USA wird von einer klaren Mehrheit abgelehnt (68 Prozent; +4 Prozentpunkte).

Die Mehrheit der Deutschen vertraut dem NATO-Bündnispartner USA: 60 Prozent (+6 Prozentpunkte) sind davon überzeugt, dass die USA hinter ihren Verpflichtungen gegenüber anderen NATO-Staaten stehen, während 10 Prozent daran Zweifel haben. Umgekehrt ist nur eine Minderheit von 17 Prozent der Auffassung, dass die Außen- und Sicherheitspolitik der USA den Zusammenhalt der NATO gefährdet (-4 Prozentpunkte gegenüber 2021; -28 Prozentpunkte im Vergleich zu 2020), während eine Mehrheit von 54 Prozent dies nicht glaubt. Damit einher geht auch die Überzeugung, dass die amerikanische Außen- und Sicherheitspolitik im Allgemeinen (57 Prozent Zustimmung; +8 Prozentpunkte) sowie die Aufrüstung der amerikanischen Streitkräfte (58 Prozent Zustimmung; +7 Prozentpunkte) keine Bedrohung für die Sicherheit Deutschlands darstellen. Eine klare Mehrheit (63 Prozent; +7 Prozentpunkte) der Befragten spricht sich dafür aus, dass die USA in die Verteidigung Europas eingebunden bleiben sollten.

Die grundsätzliche **Bereitschaft zur Orientierung an den USA in außenpolitischen Fragen ist ebenfalls gestiegen:** Eine relative Mehrheit (47 Prozent; +5 Prozentpunkte) vertritt die Position, Deutschland sollte in außenpolitischen Fragen in Übereinstimmung mit den USA handeln, während 13 Prozent gegenteiliger Auffassung und 37 Prozent unentschieden sind.

Abbildung 12: Zustimmung zu Aussagen über die bilateralen Beziehungen zu den USA im Zeitverlauf
(Angaben in Prozent, 2022: n = 2.741)

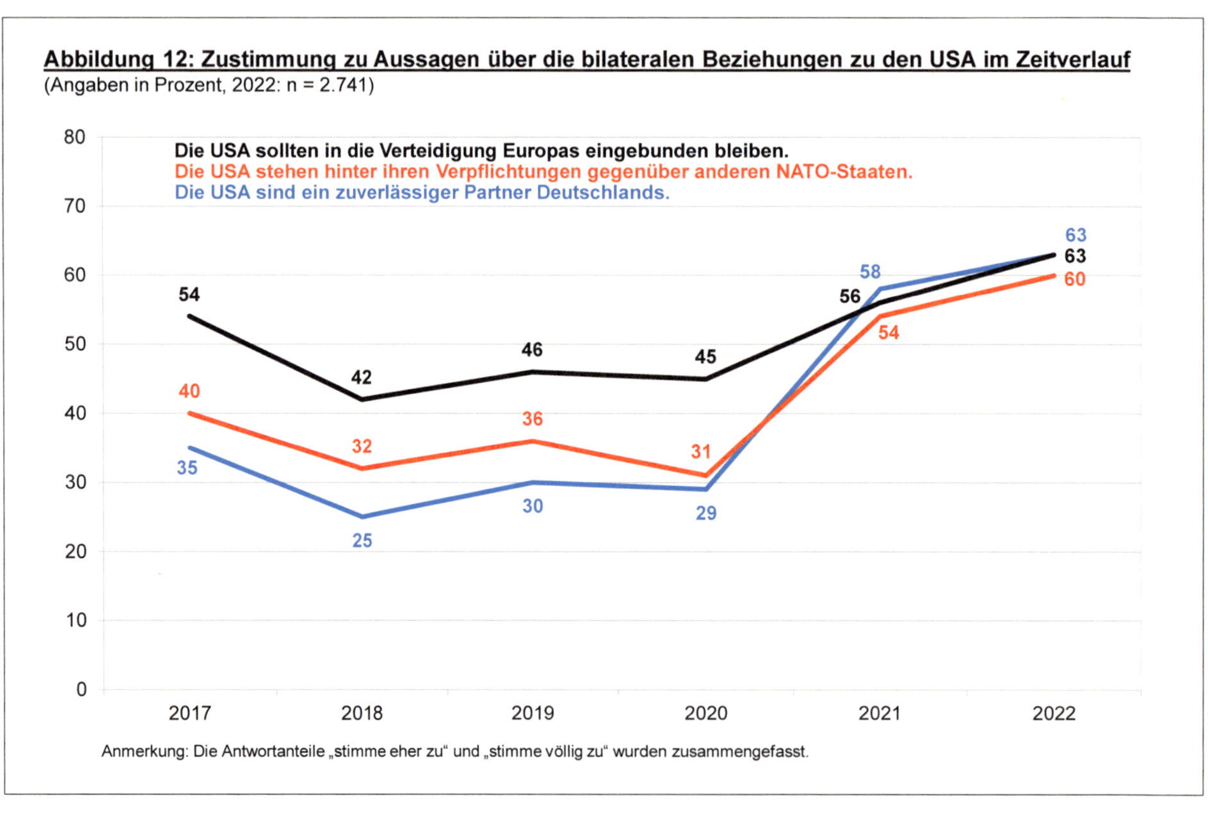

Anmerkung: Die Antwortanteile „stimme eher zu" und „stimme völlig zu" wurden zusammengefasst.

12 Bilaterale Beziehungen zu China

Der Blick auf China wird in Deutschland zunehmend kritischer. Die Bundesregierung beschreibt China in ihren 2020 veröffentlichten „Leitlinien zum Indo-Pazifik" als eine aufstrebende Weltmacht, die „die Regeln der internationalen Ordnung stellenweise in Frage stellt". Insbesondere Chinas Taiwan-Politik sorgt für angespannte Beziehungen zu vielen westlichen Ländern. Zudem investiert China nach den USA am meisten in die Aufrüstung seiner Streitkräfte.

Die öffentliche Wahrnehmung der bilateralen Beziehungen zu China wird in der ZMSBw-Bevölkerungsbefragung seit 2019 erhoben. Seitdem hat sich die **Wahrnehmung Chinas als ein zuverlässiger Partner Deutschlands kontinuierlich verschlechtert** (vgl. Abbildung 13). Aktuell sehen nur 22 Prozent der Bürgerinnen und Bürger in China einen zuverlässigen Partner: 3 Prozentpunkte weniger als im Vorjahr und 16 Prozentpunkte weniger als 2019. Zurzeit empfinden 37 Prozent (+4 Prozentpunkte) China nicht als zuverlässigen Partner und 37 Prozent sind unentschieden. Der Anteil der Befragten, der sich für eine **Einschränkung der Wirtschaftsbeziehungen** zu China ausspricht, bleibt mit 27 Prozent auf dem Niveau der beiden Vorjahre. 37 Prozent lehnen eine Reduzierung der Wirtschaftsbeziehungen ab und 32 Prozent haben eine ambivalente Haltung.

Die Wahrnehmung von **Chinas Außen- und Sicherheitspolitik als Bedrohung für die Sicherheit Deutschlands** ist im Vergleich zum Vorjahr leicht gesunken (-3 Prozentpunkte), bleibt in ihrer Ausprägung aber höchst ambivalent: 30 Prozent der Befragten nehmen Chinas Politik als eine Bedrohung wahr, für 30 Prozent gilt das nicht und 34 Prozent sind unentschieden. Die öffentliche Meinung zur **Aufrüstung der chinesischen Streitkräfte** ist ebenfalls gespalten: 32 Prozent sehen darin eine Bedrohung, 33 Prozent tun dies nicht und 29 Prozent sind geteilter Meinung.

Etwas mehr als ein Drittel der Bürgerinnen und Bürger (36 Prozent; +2 Prozentpunkte) befürwortet, dass sich Deutschland gemeinsam mit anderen demokratischen Staaten für die **Sicherheit im Indo-Pazifik** einsetzt, während 23 Prozent ein solches Engagement ablehnen und 32 Prozent unentschieden sind. Die in den „Leitlinien zum Indo-Pazifik" erklärte Bereitschaft der Bundesregierung, die regelbasierte internationale Ordnung im Indo-Pazifik zu wahren, stößt in der Bevölkerung somit auf ein geteiltes Echo. Ein klareres Meinungsbild zeigt sich dagegen in der Frage, ob Deutschland und China **gemeinsame Werte** teilen: Lediglich 15 Prozent (-3 Prozentpunkte) bejahen diese Frage, während sie von 54 Prozent verneint wird.

Abbildung 13: Zustimmung zu Aussagen über die bilateralen Beziehungen zu China im Zeitverlauf
(Angaben in Prozent, 2022: n = 2.741)

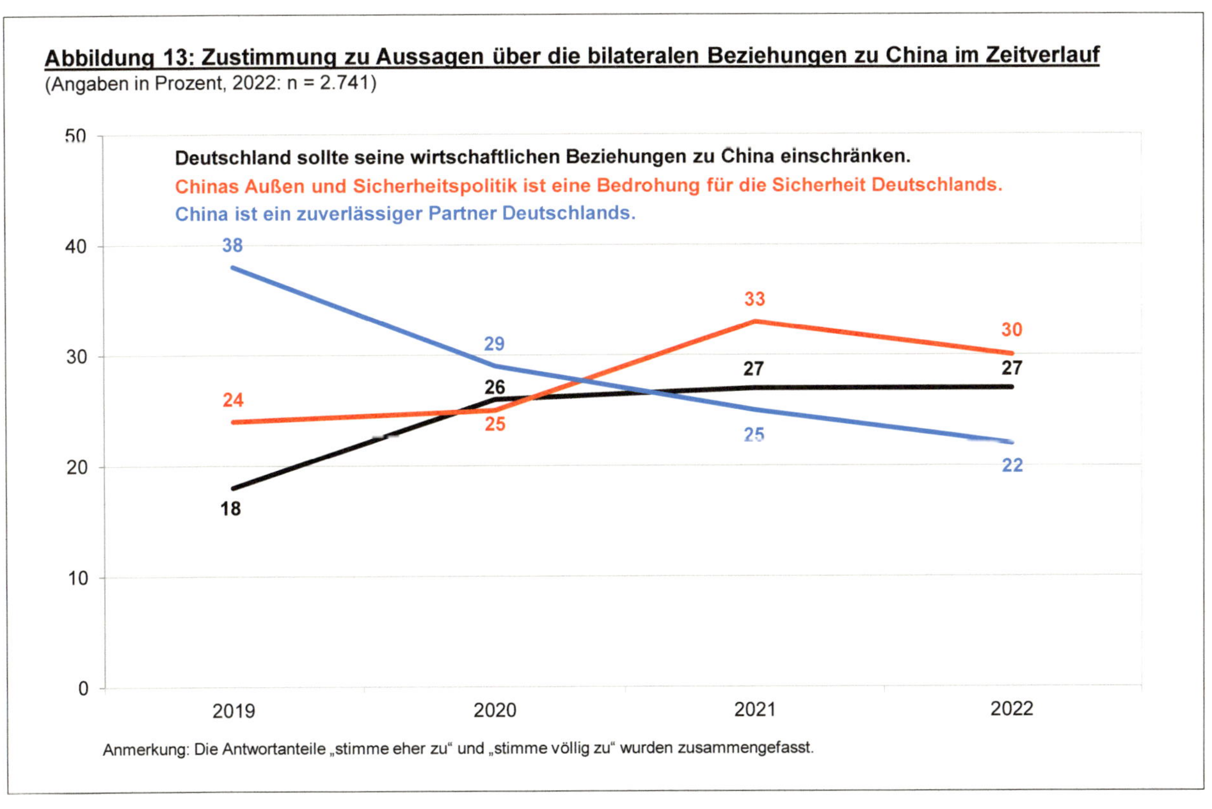

Anmerkung: Die Antwortanteile „stimme eher zu" und „stimme völlig zu" wurden zusammengefasst.

13 Haltungen zur Bundeswehr

Die seit Jahrzehnten positive Grundeinstellung der Bürgerinnen und Bürger zur Bundeswehr bleibt mit einem Wert von 83 Prozent unverändert hoch (vgl. Abbildung 14). In allen soziodemografischen Teilgruppen in der deutschen Bevölkerung sowie unter den Anhängern aller politischer Parteien besteht eine mehrheitlich positive Grundhaltung zur Bundeswehr. Die im Mittel kritischste Haltung weisen die 16- bis 29-Jährigen auf (77 Prozent positiv). Für 84 Prozent der Befragten (+1 Prozentpunkt) ist die **Bundeswehr ein ganz normaler Bestandteil der Gesellschaft** und 87 Prozent empfinden es als ganz selbstverständlich, dass Deutschland eigene Streitkräfte hat (+2 Prozentpunkte).

Im Vergleich zu der sehr positiven Grundhaltung zur Bundeswehr ist die **affektive Verbundenheit zu den Streitkräften geringer ausgeprägt**, obwohl diese im Vergleich zum Vorjahr leicht gestiegen ist: 55 Prozent (+5 Prozentpunkte) empfinden ein Gefühl der inneren Verbundenheit mit der Bundeswehr und 60 Prozent (+1 Prozentpunkt) ein Gefühl der Dankbarkeit.

Im Vergleich zum Vorjahr ist auch der Anteil derjenigen leicht gestiegen, die die Bundeswehr als wichtig für Deutschland erachten (77 Prozent; +3 Prozentpunkte). Darüber hinaus genießt die Bundeswehr bei der Mehrheit der Bürgerinnen und Bürger (60 Prozent; +1 Prozentpunkt) ein hohes oder eher **hohes Ansehen**. Ebenso viele Befragte (62 Prozent; +2 Prozentpunkte) geben an, dass sie dem Dienst der Soldatinnen und Soldaten volle oder hohe Anerkennung entgegenbringen. Eine **große Mehrheit von 88 Prozent (+3 Prozentpunkte) vertraut der Bundeswehr** – mehr als allen anderen staatlichen Institutionen mit Ausnahme der Polizei (vgl. Abbildung 15). Für 78 Prozent (+2 Prozentpunkte) der Befragten verkörpert die Bundeswehr zentrale Werte wie Freiheit oder Gerechtigkeit und für 83 Prozent (+2 Prozentpunkte) trägt die Bundeswehr zum Schutz der freiheitlichen Werteordnung bei.

Die **Leistungen der Bundeswehr bei ihren Einsätzen im Inland** beurteilen 79 Prozent (keine Veränderung zum Vorjahr) der Befragten positiv und nur 5 Prozent negativ (vgl. Abbildung 16). Auch die **Leistungen der Bundeswehr bei ihren Einsätzen im Ausland** bewertet eine Mehrheit positiv (60 Prozent; -1 Prozentpunkt). Kritischer fällt dagegen das Urteil der Bürgerinnen und Bürger zur **gesellschaftlichen Einbindung der Bundeswehr** mit 51 Prozent (+1 Prozentpunkt) positiven Bewertungen aus; 32 Prozent

Abbildung 14: Persönliche Einstellung zur Bundeswehr im Zeitverlauf
„Wie ist Ihre persönliche Einstellung zur Bundeswehr?"
(Angaben in Prozent, 2022: n = 2.741)

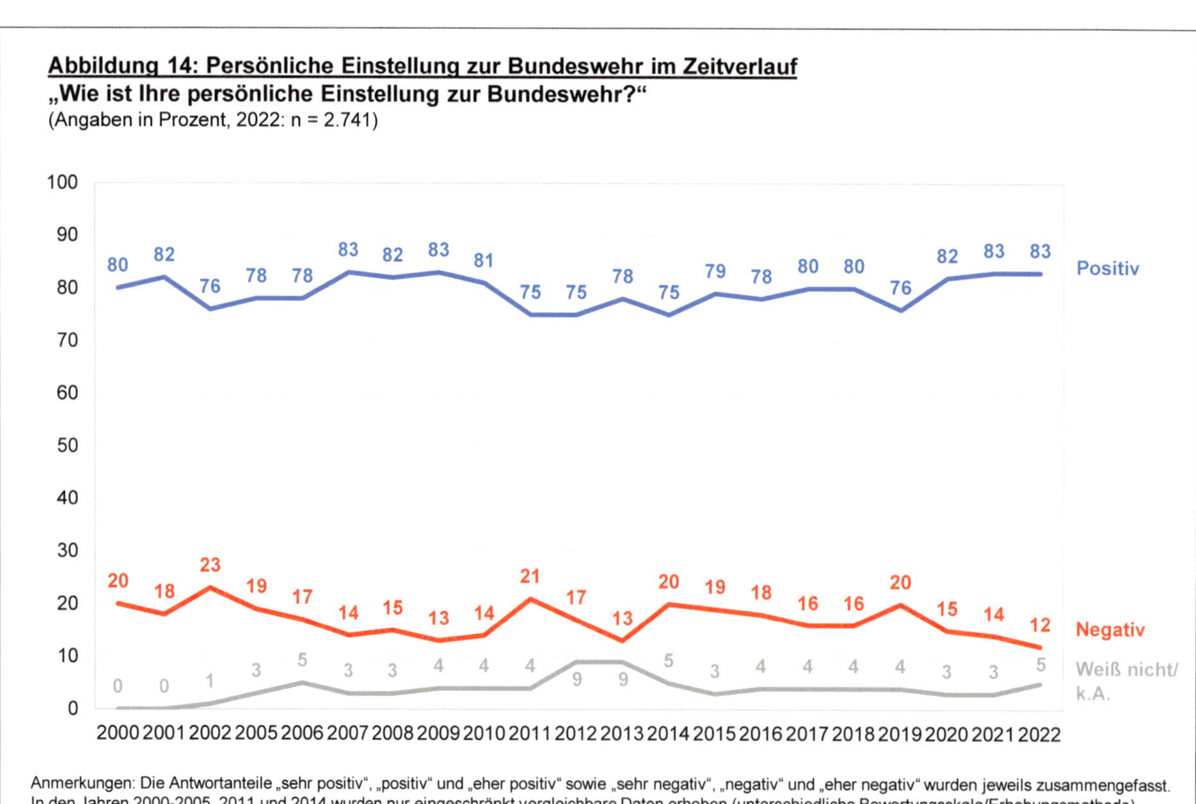

Anmerkungen: Die Antwortanteile „sehr positiv", „positiv" und „eher positiv" sowie „sehr negativ", „negativ" und „eher negativ" wurden jeweils zusammengefasst. In den Jahren 2000-2005, 2011 und 2014 wurden nur eingeschränkt vergleichbare Daten erhoben (unterschiedliche Bewertungsskala/Erhebungsmethode).

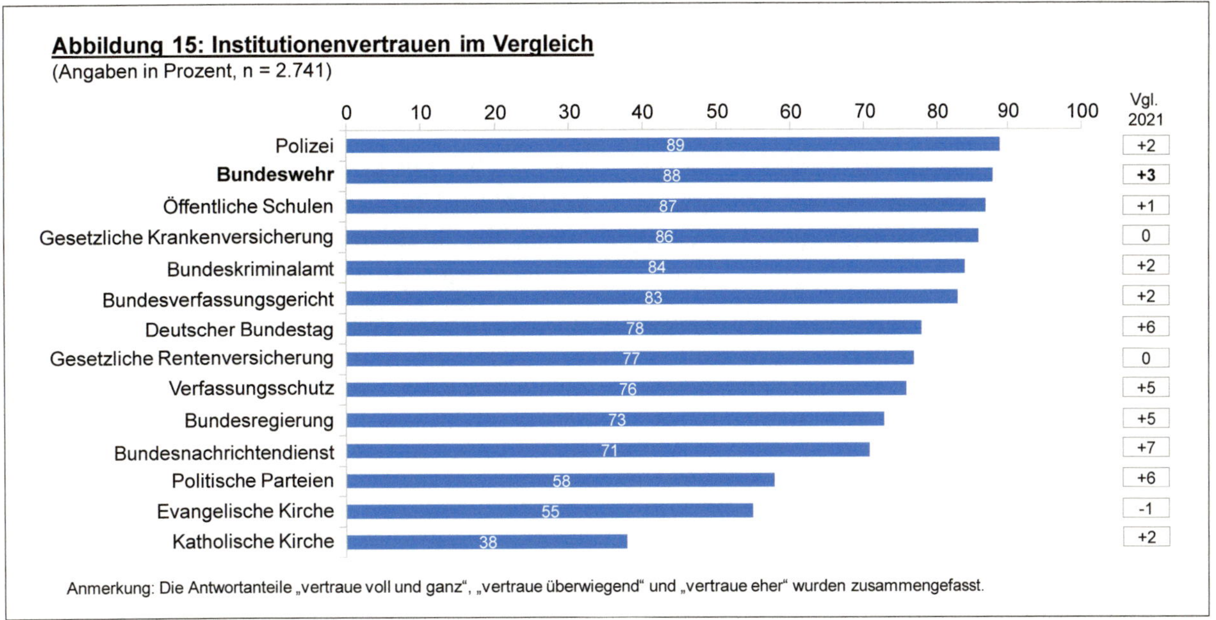

kommen zu einer ambivalenten Einschätzung und 13 Prozent bewerten diesen Aspekt negativ. Zudem sind nur 36 Prozent (-2 Prozentpunkte) davon überzeugt, dass die Bundeswehr genug unternimmt, um mit der Gesellschaft in Kontakt zu bleiben. Nochmals kritischer ist die Haltung der Befragten zur **Vereinbarkeit von Dienst und Familie bei der Bundeswehr**: 34 Prozent beurteilen diesen Aspekt positiv, 19 Prozent negativ und 34 Prozent sind geteilter Meinung. **Am schlechtesten bewerten die Bürgerinnen und Bürger die Ausrüstung und Bewaffnung der Bundeswehr:** Nur 29 Prozent (-1 Prozentpunkt) äußern sich positiv, während 41 Prozent (+6 Prozentpunkte) zu einem negativen Urteil gelangen. Somit besteht auch 2022 die Diskrepanz zwischen der positiven Bewertung der Leistungen der Bundeswehr bei ihren Einsätzen im In- und Ausland und der negativen Bewertung ihrer Ausrüstung fort (vgl. Abbildung 16). Wie die Ergebnisse in Abschnitt 4 belegen, plädiert schon seit vielen Jahren ein Großteil der Bevölkerung für höhere Verteidigungsausgaben.

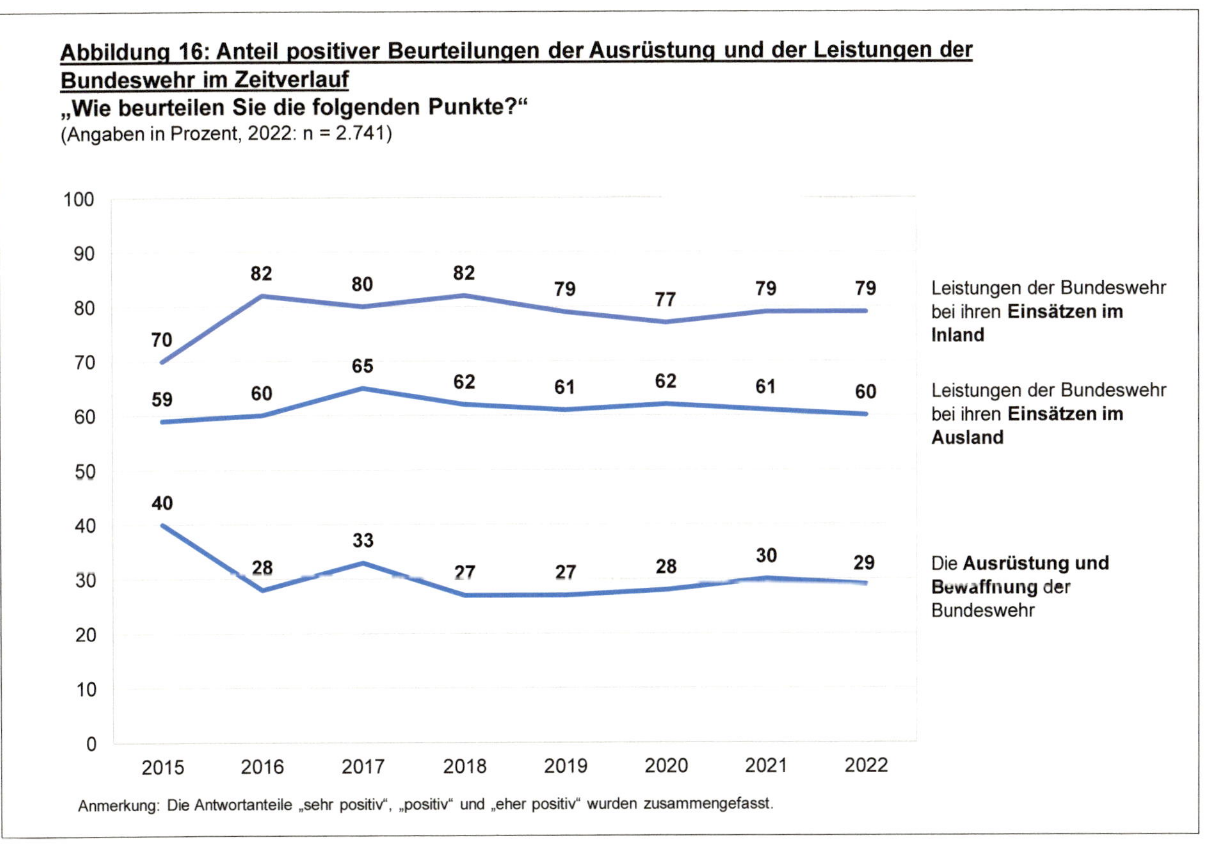

14 Veteranen der Bundeswehr

Im Jahr 2018 hat die Bundeswehr den Begriff des Veteranen für sich angenommen und inklusiv definiert: „Veteranin oder Veteran der Bundeswehr ist, wer als Soldatin oder Soldat der Bundeswehr im aktiven Dienst steht oder aus diesem Dienstverhältnis ehrenhaft ausgeschieden ist, also den Dienstgrad nicht verloren hat.“ Die ZMSBw-Bevölkerungsbefragung belegt die **fortschreitende gesellschaftliche Etablierung des Veteranen-Begriffs**. Gaben im Jahr 2012 nur 28 Prozent der Bevölkerung an, den Ausdruck „Veteran“ in einem aktuellen Kontext gehört zu haben, waren es 2021 bereits 49 Prozent. Im Jahr 2022 ist der entsprechende Anteil auf 57 Prozent gestiegen, während 40 Prozent angeben, den Begriff nicht gehört zu haben.

Die große Wertschätzung der deutschen Bevölkerung für ihre Streitkräfte kommt auch darin zum Ausdruck, dass die Mehrheit eine Vielzahl von **Maßnahmen zur Unterstützung von Veteranen der Bundeswehr** befürwortet (vgl. Abbildung 17).

Mit Abstand **am größten ist die Zustimmung zu praktischen Unterstützungsmaßnahmen für Veteranen, die im Dienst physische oder psychische Schäden erlitten haben**: 84 Prozent der Befragten sprechen sich für eine besondere medizinische Versorgung aus und 82 Prozent für eine lebenslange soziale Absicherung. Auch spezielle Betreuungsangebote für die Familien von Veteranen erfahren viel öffentlichen Zuspruch (73 Prozent). Im Vergleich dazu stoßen rein symbolische Maßnahmen, z.B. eine Briefmarke der Deutschen Post unter dem Motto „Solidarität mit unseren Soldaten“, auf weniger öffentliche Akzeptanz, werden aber immer noch von einer absoluten Mehrheit unterstützt. Insgesamt hat sich die öffentliche Zustimmung im Vergleich zum Vorjahr kaum verändert. Mit Blick auf die 2023 in Düsseldorf stattfindenden Invictus Games – eine sportliche Großveranstaltung für versehrte Einsatzkräfte – ist festzustellen: Eine Mehrheit von 59 Prozent begrüßt derartige Maßnahmen zur Steigerung der Sichtbarkeit von Veteranen in der Öffentlichkeit.

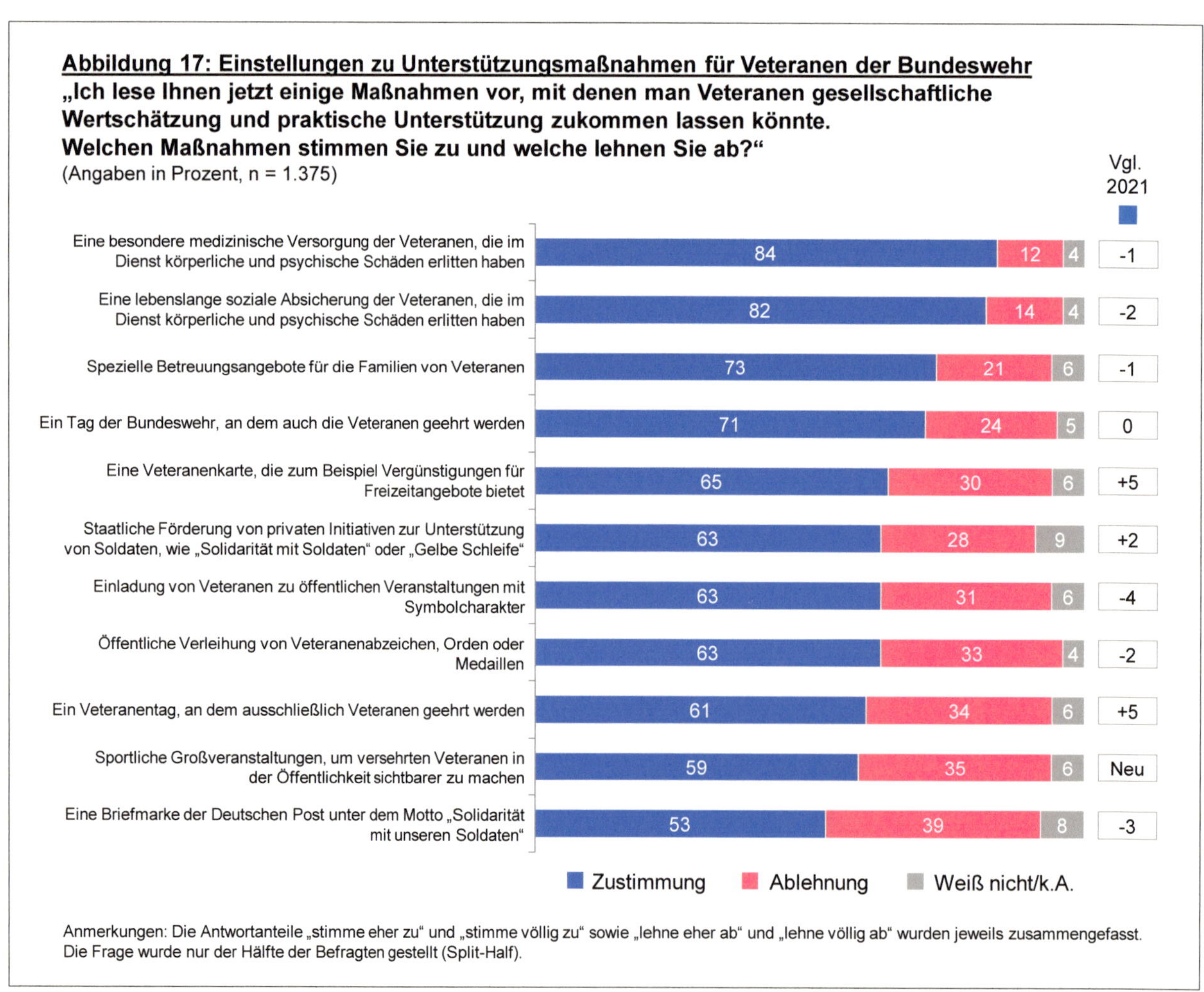

Abbildung 17: Einstellungen zu Unterstützungsmaßnahmen für Veteranen der Bundeswehr

15 Öffentliche Wahrnehmung der Bundeswehr

Die Bürgerinnen und Bürger nehmen die Bundeswehr bei verschiedenen Gelegenheiten wahr – persönlich wie medial. Die Befragten nehmen die Bundeswehr deutlich öfter in den Medien wahr als bei Gelegenheiten, die einen persönlichen Kontakt ermöglichen.

Im Vergleich zum Vorjahr hat die Bevölkerung die Bundeswehr ähnlich häufig wahrgenommen (vgl. Abbildung 18). Einzig in Gesprächen im sozialen Umfeld der Befragten wird die Bundeswehr häufiger wahrgenommen als im Vorjahr (+8 Prozentpunkte). Der persönliche Eindruck von der Bundeswehr hat sich im Vergleich zum Jahr 2021 insgesamt leicht verbessert; am stärksten beim Bahnfahren (+14 Prozentpunkte) und bei Tagen der offenen Tür (+12 Prozentpunkte). Obwohl nur ein geringer Teil der Bevölkerung die Bundeswehr bei Übungen und Hilfeleistungen wahrgenommen hat (8 Prozent; +2 Prozentpunkte), war der persönliche Eindruck bei diesen Gelegenheiten insgesamt am positivsten (91 Prozent; +3 Prozentpunkte).

Die **Wahrnehmung der Bundeswehr fällt bei persönlichen Begegnungen sehr viel positiver aus als bei medialen Berichten**. Allerdings kommen die Bürgerinnen und Bürger auf diesen Wegen am seltensten mit der Bundeswehr in Kontakt. Umgekehrt heißt das: Die Bundeswehr wird über die Medien zwar häufiger, aber nicht ganz so positiv wahrgenommen wie bei persönlichen Begegnungen.

Mit der allmählichen Aufhebung der pandemiebedingten Restriktionen können öffentliche Veranstaltungen der Bundeswehr, wie z.B. der Tag der Bundeswehr, wieder als Präsenzveranstaltungen stattfinden und wertvolle Gelegenheiten für einen persönlichen Kontakt zwischen der Bevölkerung und den Soldatinnen und Soldaten schaffen. Auch das Tragen der Uniform im öffentlichen Raum (z.B. beim Bahnfahren) kann zu einer positiven Wahrnehmung in der Bevölkerung beitragen.

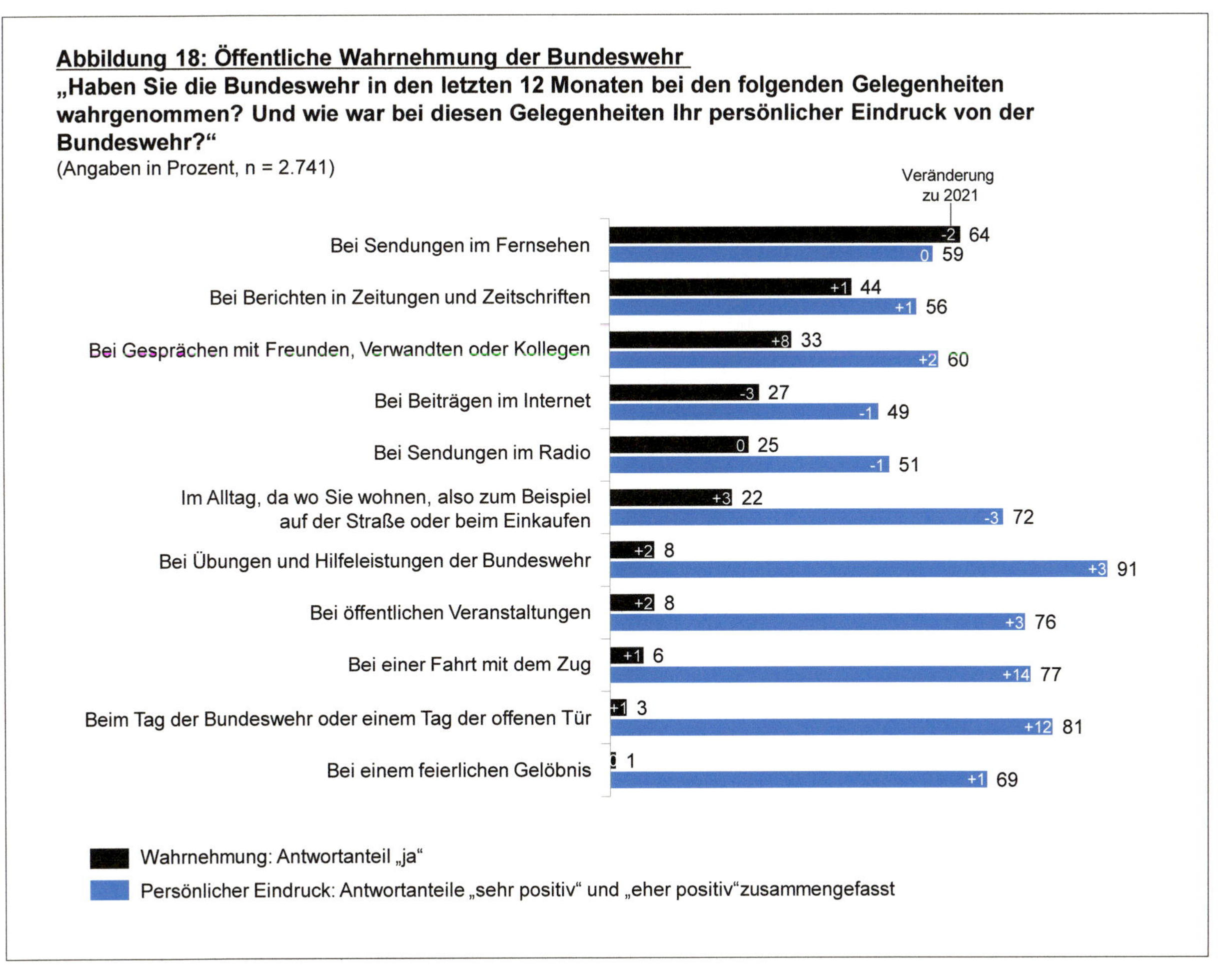

16 Attraktivität des Arbeitgebers Bundeswehr

Die Mehrheit der Befragten (58 Prozent; -2 Prozentpunkte im Vergleich zu 2021) ist der Auffassung, dass die **Bundeswehr für junge Menschen ein sehr oder eher attraktiver Arbeitgeber** ist, während 34 Prozent gegenteiliger Meinung sind (+1 Prozentpunkt). Seit 2018 nimmt der Anteil derjenigen, die die Bundeswehr für einen attraktiven Arbeitgeber für junge Menschen halten, kontinuierlich ab (vgl. Abbildung 19).

Alle Befragten, die zum Zeitpunkt des Interviews nicht älter als 50 Jahre waren (n = 1.377), wurden zusätzlich gefragt, wie attraktiv die Bundeswehr als Arbeitgeber für sie selbst ist. Für 35 Prozent (+2 Prozentpunkte) ist die Bundeswehr ein attraktiver Arbeitgeber, für 61 Prozent (-3 Prozentpunkte) ist sie das nicht. **Am attraktivsten ist die Bundeswehr als Arbeitgeber für Männer unter 30 Jahren:** 47 Prozent sehen in der Bundeswehr einen attraktiven Arbeitgeber für sich selbst (keine Veränderung zum Vorjahr). Bei den Frauen unter 30 Jahren beträgt dieser Anteil nur 22 Prozent (keine Veränderung).

Die Attraktivität der Bundeswehr als Arbeitgeber für die Befragten selbst steht in einem positiven und statistisch signifikanten Zusammenhang mit der subjektiven Bewertung unterschiedlicher Aspekte: Je positiver die Leistungen der Bundeswehr bei ihren Einsätzen im Inland und im Ausland, die Ausrüstung und Bewaffnung, die Einbindung in die Gesellschaft und die Vereinbarkeit von Familie und Dienst beurteilt werden, umso attraktiver ist die Bundeswehr als Arbeitgeber für die Befragten selbst. Diese Zusammenhänge sind bei Männern grundsätzlich stärker ausgeprägt als bei Frauen.

Abschließend wurden alle Teilnehmerinnen und Teilnehmer bis 50 Jahre gefragt, ob sie sich zumindest für eine gewisse Zeit eine berufliche Tätigkeit bei der Bundeswehr vorstellen könnten. Von denjenigen Befragten, die noch nie bei der Bundeswehr beschäftigt waren, können sich 22 Prozent (keine Veränderung) vorstellen, eine zivile Tätigkeit auszuüben, und 12 Prozent (+2 Prozentpunkte), Soldatin oder Soldat zu werden. Unter den ehemaligen Soldatinnen und Soldaten können sich 32 Prozent (-1 Prozentpunkt) vorstellen, erneut als Soldat bzw. Soldatin bei der Bundeswehr zu dienen und für 34 Prozent wäre eine zivile Verwendung denkbar.

In der Gruppe der unter 30-Jährigen, die noch nicht in der Bundeswehr gedient haben, können sich 25 Prozent eine zivile und 13 Prozent eine militärische Verwendung vorstellen. Von den Männern in dieser Gruppe können sich 29 Prozent vorstellen, als Zivilist zu arbeiten, und für 19 Prozent ist der Dienst als Soldat denkbar. In der weiblichen Vergleichsgruppe betragen die jeweiligen Anteile 20 bzw. 6 Prozent.

Abbildung 19: Wahrgenommene Attraktivität des Arbeitgebers Bundeswehr für junge Menschen
„Wie attraktiv ist Ihrer Meinung nach der Arbeitgeber Bundeswehr für junge Menschen?“
(Angaben in Prozent, 2022: n = 2.741)

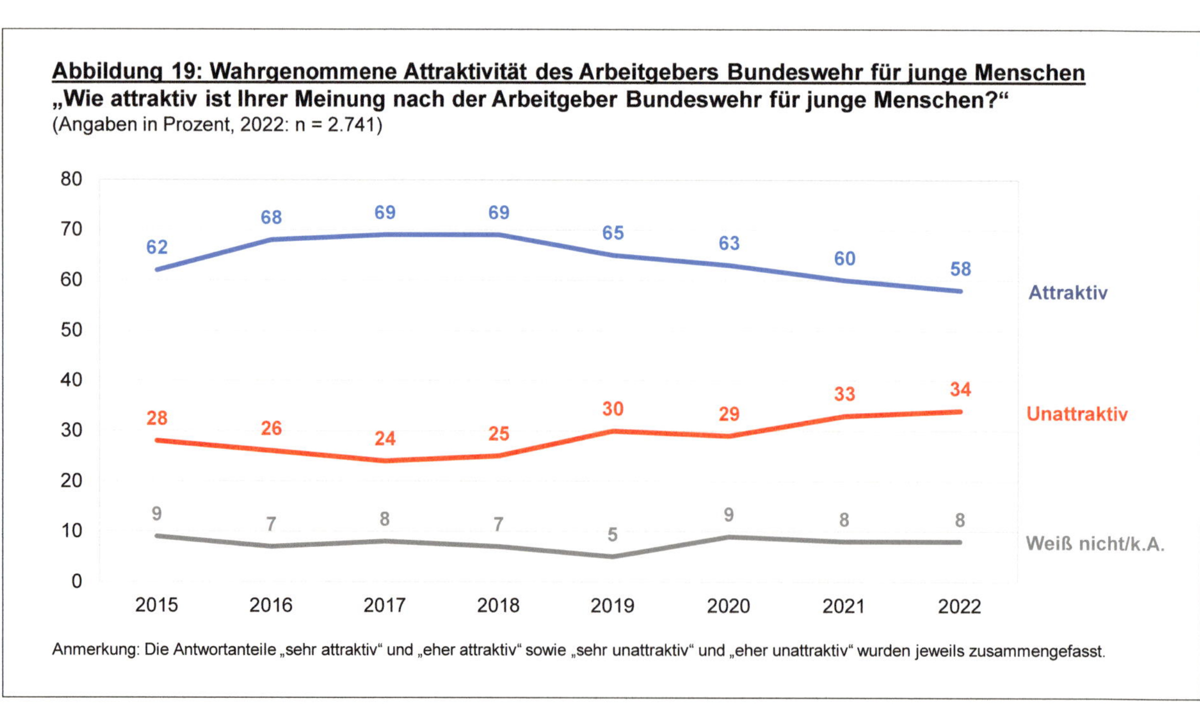

Anmerkung: Die Antwortanteile „sehr attraktiv“ und „eher attraktiv“ sowie „sehr unattraktiv“ und „eher unattraktiv“ wurden jeweils zusammengefasst.

17 Aufgaben der Bundeswehr

Die Bundeswehr hat ein sehr breites Aufgabenspektrum, das im Weißbuch der Bundesregierung definiert wird. Vorrangig dient die Bundeswehr dem Schutz der Bürgerinnen und Bürger. Diese wurden gefragt, welche Aufgaben die Bundeswehr aus ihrer Sicht übernehmen sollte. Die abgefragten Aufgabenbereiche lassen sich in zwei Gruppen unterteilen: Aufgaben, die der Abwehr von „äußeren" Gefahren dienen, und solche, bei denen die Bundeswehr im Inland eingesetzt wird. Insgesamt lässt sich feststellen: **Der Einsatz der Bundeswehr wird im kompletten Aufgabenspektrum von einer absoluten Mehrheit der Bürgerinnen und Bürger akzeptiert.**

Von jenen Aufgaben, die der Abwehr von „äußeren" Gefahren dienen, erhalten die **Abwehr eines militärischen Angriffs auf Deutschland** (86 Prozent; keine Veränderung zum Vorjahr) und die Evakuierung von deutschen Staatsbürgerinnen und Staatsbürgern aus Krisengebieten (83 Prozent; +2 Prozentpunkte) die höchsten Zustimmungswerte (vgl. Abbildung 20). Auch humanitäre Aufgaben bzw. Interventionen, wie Nothilfe in Krisensituationen (80 Prozent; unverändert) oder die Verhinderung eines Völkermords (74 Prozent; +2 Prozentpunkte), und der **militärische Beistand für Verbündete**, die angegriffen (73 Prozent; +1 Prozentpunkt) oder bedroht (72 Prozent; +2 Prozentpunkte) werden, finden die Unterstützung einer großen Mehrheit. Den vergleichsweisen geringsten Zuspruch erfahren die Bekämpfung gegnerischer Kräfte bei Auslandseinsätzen (51 Prozent; -2 Prozentpunkte), die Ausbildung ausländischer Sicherheitskräfte (58 Prozent; keine Veränderung) und die Beteiligung am Kampf gegen die transnationale organisierte Kriminalität (59 Prozent; -2 Prozent-

Abbildung 20: Einstellungen zu den Aufgaben der Bundeswehr
„Welche Aufgaben sollte die Bundeswehr Ihrer Meinung nach übernehmen? Die Bundeswehr sollte eingesetzt werden, …"
(Angaben in Prozent, n = 2.741)

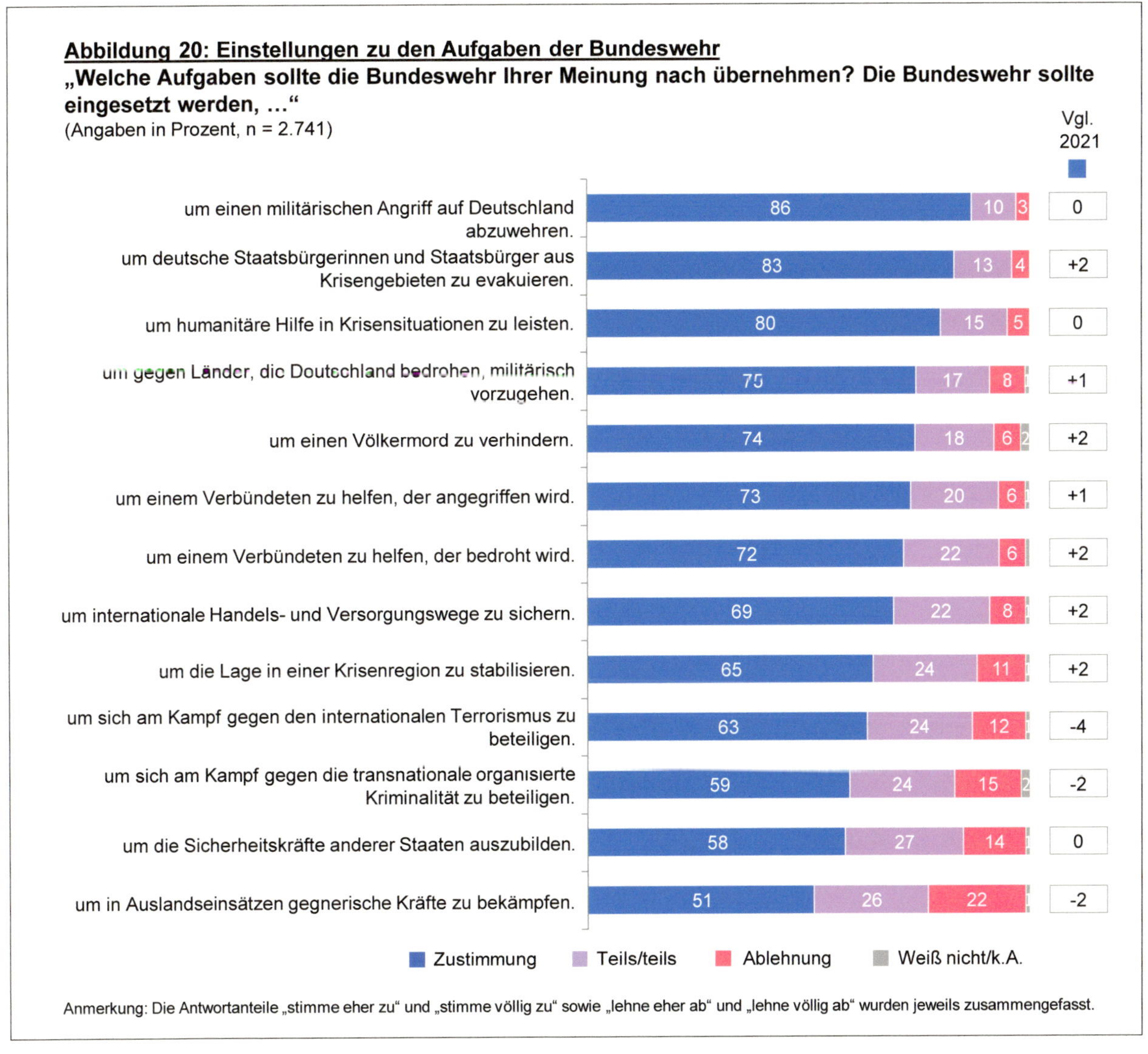

Anmerkung: Die Antwortanteile „stimme eher zu" und „stimme völlig zu" sowie „lehne eher ab" und „lehne völlig ab" wurden jeweils zusammengefasst.

punkte). Weitere **Aufgaben im Rahmen des internationalen Krisenmanagements**, wie die Sicherung internationaler Handels- und Versorgungswege (69 Prozent; +2 Prozentpunkte) oder die Bekämpfung des internationalen Terrorismus (63 Prozent; -4 Prozentpunkte), liegen im „Mittelfeld" der Zustimmungswerte. Insgesamt erfährt der Kernauftrag der Bundeswehr, die Landes- und Bündnisverteidigung, mehr Unterstützung als jene Aufgaben, die dem Bereich des internationalen Krisenmanagements zuzuordnen sind. Dieser grundsätzlichen Präferenz entsprechend werden die konkreten Missionen der Bundeswehr im Rahmen der Landes- und Bündnisverteidigung deutlich positiver bewertet als die Auslandseinsätze im Rahmen des internationalen Krisenmanagements (vgl. Abschnitt 6). **Die Rückkehr der Bundeswehr zur Landes- und Bündnisverteidigung als ihrem Hauptauftrag kommt dem eher traditionellen Aufgabenverständnis in der Bevölkerung entgegen.**

Neben der Wahrnehmung der Kernaufgaben der Bundeswehr begrüßt die Mehrheit der Bevölkerung den **Einsatz der Streitkräfte bei besonderen Lagen oder zur Wahrnehmung besonderer Schutzaufgaben im Inland** (vgl. Abbildung 21). Wie bereits im Vorjahr erhalten der Einsatz der Bundeswehr zur Katastrophenhilfe (86 Prozent; +1 Prozentpunkt) sowie zum Schutz des deutschen Luftraums und der deutschen Küsten vor Terroranschlägen (79 Prozent; unverändert) den größten Zuspruch der Befragten. Die vergleichsweise geringste Zustimmung erfahren der Einsatz der Bundeswehr bei der Aufnahme von Flüchtlingen (57 Prozent; +6 Prozentpunkte) sowie zur Verhinderung von Internetangriffen auf die Infrastruktur (60 Prozent; +7 Prozentpunkte) und auf öffentliche Einrichtungen in Deutschland (61 Prozent; +2 Prozentpunkte). Dabei wird der **Einsatz der Bundeswehr zur Abwehr von Cyberangriffen stärker begrüßt** als im Vorjahr, womit sich die positive Entwicklung der Zustimmungswerte zu diesem Aufgabenbereich fortsetzt.

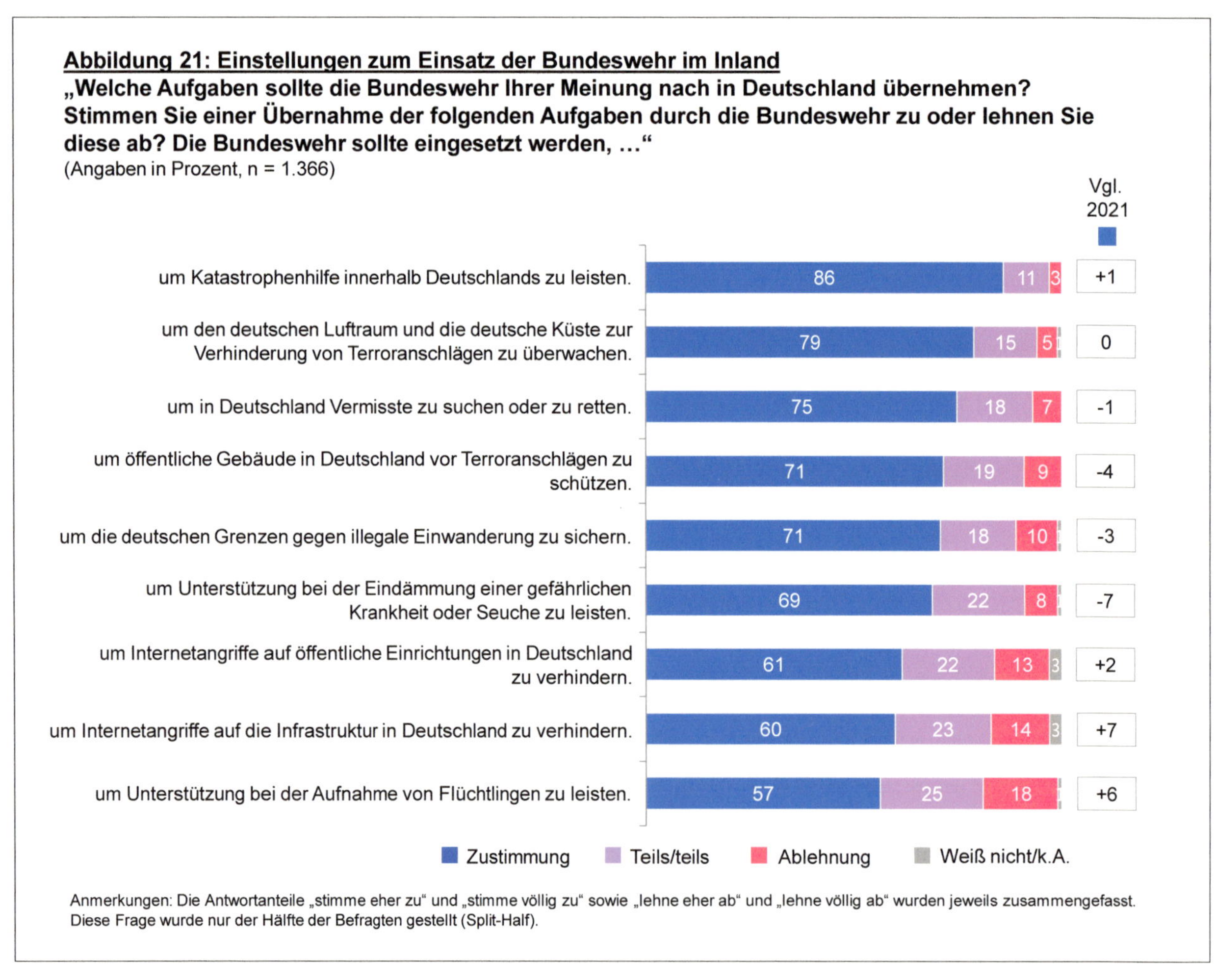

Abbildung 21: Einstellungen zum Einsatz der Bundeswehr im Inland
„Welche Aufgaben sollte die Bundeswehr Ihrer Meinung nach in Deutschland übernehmen? Stimmen Sie einer Übernahme der folgenden Aufgaben durch die Bundeswehr zu oder lehnen Sie diese ab? Die Bundeswehr sollte eingesetzt werden, …"
(Angaben in Prozent, n = 1.366)

Anmerkungen: Die Antwortanteile „stimme eher zu" und „stimme völlig zu" sowie „lehne eher ab" und „lehne völlig ab" wurden jeweils zusammengefasst. Diese Frage wurde nur der Hälfte der Befragten gestellt (Split-Half).

18 Fazit

Nach Schätzungen der Vereinten Nationen (Stand Juni 2022) sind seit Beginn von Russlands Angriffskrieg gegen die Ukraine über 5.000 Zivilisten in der Ukraine getötet und über 6 Millionen ukrainische Flüchtlinge allein in der EU registriert worden. Die ukrainische Regierung gab im Juni 2022 offiziell über 10.000 gefallene ukrainische Soldaten bekannt.

Russland hat mit seinem Angriffskrieg gegen die Ukraine die europäische Sicherheitsordnung zerstört und viele europäische Regierungen zu einem Kurswechsel in der Sicherheits- und Verteidigungspolitik gezwungen, allem voran Deutschland. So erhält die Bundeswehr ein Sondervermögen in Höhe von 100 Mrd. Euro, um lange aufgeschobene Investitionen in die Ausrüstung tätigen zu können. Auch liefert Deutschland erstmals schwere Waffen, z.B. die Panzerhaubitze 2000, in ein Kriegsgebiet. Nachdem die Bundeswehr 20 Jahre lang auf Auslandseinsätze im Rahmen des internationalen Krisenmanagements ausgerichtet war, kehrt sie nun zu ihrem Hauptauftrag zurück: Landes- und Bündnisverteidigung. All diese Entscheidungen sind Aspekte und Ausdruck einer umfassenden Zeitenwende in der deutschen Verteidigungspolitik.

Wie reagiert die Bevölkerung auf den Ukraine-Krieg? Führt dieser auch zu einer Zeitenwende im Meinungsbild? Auf der Grundlage der Ergebnisse der ZMSBw-Bevölkerungsbefragung ist festzustellen, dass sich das verteidigungspolitische Meinungsbild infolge des Ukraine-Kriegs in vielen Punkten signifikant verändert hat. Waren bis 2021 außen- und sicherheitspolitische Risiken die geringste Sorge der Deutschen, beeinträchtigen sie nun das Sicherheitsgefühl der Bürgerinnen und Bürger am stärksten. Hatte die deutsche Bevölkerung in den letzten Jahren ein ambivalentes Russlandbild, so ist dieses der Erkenntnis gewichen, dass Russland eine Gefahr für die Sicherheit Deutschlands ist. Zudem bestand über viele Jahre ein Missverhältnis zwischen einer großen Zustimmung zum Prinzip der Bündnisverteidigung und einer geringen Bereitschaft zur konkreten militärischen Unterstützung der östlichen NATO-Partner. Diese Lücke ist im laufenden Jahr geschlossen worden. Darüber hinaus begrüßen mehr Befragte als jemals zuvor eine finanzielle und personelle Aufstockung der Bundeswehr. In all diesen Punkten bildet sich die Zeitenwende im verteidigungspolitischen Meinungsbild deutlich ab.

Ein grundlegender Wandel der strategischen Kultur der deutschen Bevölkerung ist dies aber (noch) nicht. Deren Grundzüge, z.B. die Zurückhaltung beim Einsatz von Waffengewalt als Mittel in der Außen- und Sicherheitspolitik, haben sich im Vergleich zum Vorjahr nicht verändert. Der strategische Kulturwandel lässt also auf sich warten und macht gerade deshalb eine fortlaufende Untersuchung erforderlich. Allerdings waren andere Dimensionen der strategischen Kultur, etwa das Bekenntnis zum Multilateralismus, bereits vor dem Ukraine-Krieg derart stark (positiv) ausgeprägt, dass hier keine allzu großen Veränderungen zu erwarten waren bzw. (noch) zu erwarten sind.

Das Gleiche gilt für das Verhältnis der Deutschen zu ihren Streitkräften. Die Grundhaltung der Bevölkerung zur Bundeswehr als staatlicher Organisation und gesellschaftlicher Institution ist bereits seit Jahrzehnten positiv, sodass der Raum für weitere Steigerungen weitaus kleiner ist als bei umstrittenen Fragen, wie z.B. dem Umgang mit Russland. Die Rückkehr der Bundeswehr zur Landes- und Bündnisverteidigung infolge des Krieges gegen die Ukraine könnte in einem anderen Punkt jedoch zu einer Verbesserung der Beziehungen zwischen Bundeswehr und Gesellschaft führen: Ihr Auftrag wird von den Menschen wieder verstanden und mitgetragen. Die Bürgerinnen und Bürger haben die Bundeswehr nämlich schon immer vorrangig als eine Verteidigungsarmee gesehen und weniger als das Werkzeug einer interventionistischen Außen- und Sicherheitspolitik.

Die Bundeswehr-Missionen im Rahmen der Landes- und Bündnisverteidigung mögen vielleicht weniger erklärungsbedürftig sein und auch mehr Zustimmung genießen als die Auslandseinsätze im Rahmen des internationalen Krisenmanagements, aber sie sind deshalb nicht selbsterklärend. Die öffentliche Zustimmung zu den Einsätzen im Ausland hängt maßgeblich vom Kenntnisstand über diese ab. Der ist in der Bevölkerung jedoch gering und zwar zu *allen* Bundeswehr-Engagements im Ausland. Die Bundeswehr sollte den Bürgerinnen und Bürgern deshalb künftig ein noch umfangreicheres Informationsangebot unterbreiten.

19 Methodologie

Die jährliche Bevölkerungsbefragung des Zentrums für Militärgeschichte und Sozialwissenschaften der Bundeswehr (ZMSBw) existiert seit 1996 und stellt damit die längste Zeitreihe sicherheits- und verteidigungspolitischer Umfragen in Deutschland dar. Mit seiner Bevölkerungsbefragung leistet das ZMSBw als Ressortforschungseinrichtung im Geschäftsbereich des Bundesministeriums der Verteidigung einen Beitrag zur wissenschaftsbasierten Politikberatung, liefert empirisch fundierte Beiträge zu sicherheits- und verteidigungspolitischen Debatten und bietet die Datenbasis für vielfältige Grundlagenforschung.

Die Erarbeitung des Studienkonzepts, der Ausschreibungsunterlagen und des Fragebogens der Bevölkerungsbefragung erfolgten ebenso am ZMSBw wie die Auswertung der erhobenen Daten. Mit der Überprüfung des Fragebogens (Pretest) und der Datenerhebung wurde 2022 im Rahmen einer öffentlichen Ausschreibung das externe Meinungsforschungsinstitut Ipsos GmbH beauftragt, das eines der größten Markt- und Meinungsforschungsinstitute ist. Ein wesentliches Merkmal der Qualitätssicherung ist die Vorgabe, dass das beauftragte Meinungsforschungsinstitut über unabhängige ISO-Zertifizierungen nach ISO 9001 und ISO 20252 (internationale Qualitätsstandards in der Markt-, Meinungs- und Sozialforschung) verfügen muss. Mit diesen Zertifizierungen werden die Qualitätsstandards und Prozesse transparent und regelmäßig von unabhängigen Stellen überprüft. Darüber hinaus müssen die beauftragen Befragungsinstitute die Einhaltung der berufsständischen Qualitätskriterien gewährleisten, wie sie vom Arbeitskreis Deutscher Markt- und Sozialforscher (ADM), der Arbeitsgemeinschaft Sozialwissenschaftlicher Institute e.V. (ASI) und der Deutschen Gesellschaft für Online Forschung e.V. (DGOF) verabschiedet wurden. Insbesondere schließt dies die „Standards zur Qualitätssicherung in der Markt- und Sozialforschung" ein, die vom ADM, ASI und vom Berufsverband Deutscher Markt- und Sozialforscher e.V. herausgegeben wurden.

Im Zuge der Qualitätssicherung wurde der Fragebogen einem Pretest unterzogen, um Fehler in der Programmierung und mögliche Verständnisprobleme seitens der Befragten zu identifizieren. Der Pretest umfasste 54 Interviews, die vom 1. bis 7. Juni 2022 unter realen Feldbedingungen stattfanden, d.h. die Teilnehmerinnen und Teilnehmer wurden zufällig in ganz Deutschland ausgewählt und beantworteten die Fragen in einem computergestützten persönlichen Interview (CAPI) in ihrem Haushalt. Infolge des Pretests ergab sich am Fragebogen kein inhaltlicher Veränderungsbedarf. Jedoch betrug die durchschnittliche Dauer der Interviews im Pretest 65 Minuten, was eine Incentivierung erforderlich gemacht hätte. Um die durchschnittliche Dauer der Interviews auf eine Stunde zu begrenzen, wurden mehrere Splits in den Fragebogen eingebaut, d.h. bestimmte Fragen bzw. Fragebatterien wurden nur der Hälfte der Befragten gestellt (Split-Half).

Die Daten der Bevölkerungsbefragung wurden vom 13. Juni bis 17. Juli 2022 erhoben. Für die Untersuchung wurde die Grundgesamtheit (d.h. alle Personen, die für die Analyse von Interesse sind und über die im Rahmen der Untersuchung Aussagen getroffen werden sollen) definiert als die deutschsprachige und in Privathaushalten lebende Bevölkerung ab 16 Jahren. Da nicht alle Personen der Grundgesamtheit befragt werden können, wurde eine repräsentative Stichprobe gezogen. Die Auswahl der Personen in der Stichprobe erfolgte zufällig durch ein mehrstufig geschichtetes Verfahren, sodass jedes Element der Grundgesamtheit dieselbe Chance hatte, in die Stichprobe zu gelangen.

Befragt wurden 2.741 zufällig ausgewählte Bürgerinnen und Bürger. Die Interviews dauerten im Mittel 60 Minuten und die Ausschöpfungsquote lag bei 54 Prozent. Die erhobenen Daten wurden durch das Umfrageinstitut im Anschluss an die Erhebung nach den Merkmalen Alter, Geschlecht, Bildung und Ortsgröße gewichtet, um die realisierte Stichprobe der demografischen Struktur der Grundgesamtheit anzupassen. Nach Aufbereitung der erhobenen Daten durch die Ipsos GmbH erhielt das ZMSBw am 25. Juli 2022 den Datensatz, der Grundlage der vorstehenden Auswertungen ist.

Der vorliegende Bericht präsentiert die Ergebnisse der Bevölkerungsbefragung 2022. Zentrale Themen sind das Sicherheitsgefühl und die Bedrohungswahrnehmungen der Bürgerinnen und Bürger sowie deren Einstellungen zum außen- und sicherheitspolitischen Engagement Deutschlands und den Auslandseinsätzen der Bundeswehr. Die öffentliche Wahrnehmung, die Arbeitgeberattraktivität sowie die gesellschaftliche Akzeptanz der Bundeswehr sind weitere Themenbereiche.

Autor:

Dr. Timo Graf, Forschungsbereich Militärsoziologie, Zentrum für Militärgeschichte und Sozialwissenschaften der Bundeswehr, Potsdam.